有趣有料的理财课

恋爱给我的理财启发

落英（杜笑笑）◎著

电子工业出版社
Publishing House of Electronics Industry
北京·BEIJING

内 容 简 介

这本书囊括基金、股票、可转债等实用理财工具，把晦涩难懂的理财知识生活化、场景化，让你像看都市电影一样轻松获取理财策略，同时对金融世界有一个全新的认知。

投资基金、股票、可转债的底层逻辑是什么？
快速增加财富前要搞清的四大原则是什么？
如何在市场调整中坚守自己的投资能力圈？
如何告别投机主义，抓住属于你的赚钱周期？
如何把理财运用到家庭生活，把财富转化为幸福？

这本书把恋爱和理财结合起来，一是为了让大家更有代入感，更好地理解枯燥的理财干货，不会被密密麻麻的知识点"劝退"；二是为了表达作者一直以来践行的观点：理性、真诚、热爱、勇敢，恋爱和理财都适用。

未经许可，不得以任何方式复制或抄袭本书之部分或全部内容。
版权所有，侵权必究。

图书在版编目（CIP）数据

有趣有料的理财课：恋爱给我的理财启发 / 落英（杜笑笑）著. —北京：电子工业出版社，2023.12
ISBN 978-7-121-46776-9

Ⅰ. ①有… Ⅱ. ①落… Ⅲ. ①私人投资－基本知识 Ⅳ. ①F830.59

中国国家版本馆 CIP 数据核字（2023）第 229063 号

责任编辑：董 英
印　　刷：天津千鹤文化传播有限公司
装　　订：天津千鹤文化传播有限公司
出版发行：电子工业出版社
　　　　　北京市海淀区万寿路 173 信箱　　邮编：100036
开　　本：880×1230　1/32　印张：7.125　字数：228 千字
版　　次：2023 年 12 月第 1 版
印　　次：2024 年 1 月第 2 次印刷
定　　价：69.00 元

凡所购买电子工业出版社图书有缺损问题，请向购买书店调换。若书店售缺，请与本社发行部联系，联系及邮购电话：(010) 88254888，88258888。
质量投诉请发邮件至 zlts@phei.com.cn，盗版侵权举报请发邮件至 dbqq@phei.com.cn。
本书咨询联系方式：faq@phei.com.cn。

前　言

理性、真诚、热爱、勇敢，恋爱和理财都适用

大家好，我是杜笑笑，一个风风火火的湖北妹子，也是公众号"落英财局"的创始人。

我从 2016 年开始做财经自媒体，当时属于玩儿票性质，也并没有意识到三年后公众号能拥有百万粉丝。笔名取得很随意，因为我很喜欢《桃花源记》中"忽逢桃花林，夹岸数百步，中无杂树，芳草鲜美，落英缤纷"的意境，所以取名"落英"。

虽然我的笔名听上去像一个温柔安静的女子，但是我本人真实的性格却截然相反，妥妥一个性格直爽、不拘小节的"娘子汉"。"落英财局"从 2016 年我一个人写文章，到现在拥有 30 多人的运营团队，一路走来并不算顺利。在处理各种问题的过程中，我的性格被磨练得更加坚毅，我也更加明白自己想要什么、适合什么、能做成什么。

IV　有趣有料的理财课：恋爱给我的理财启发

2023 年是我做财经自媒体的第 8 年，机遇巧合遇到了一个出版理财书的机会。一开始我的内心是抗拒的：写公众号文章和写理财书完全不一样，自己适合写理财书吗？我习惯的写法是根据财经热点切入理财干货，这样可读性更强，而书籍的时效性决定了没办法追热点，怎样才能把理财干货写得好玩有趣呢？

后来我的合伙人罗翔跟我说，虽然我写了 8 年的理财文章，但是从来没有系统性输出过理财知识。公众号提供的碎片化信息虽然可读性更好，但是理财书能更好地帮助读者梳理知识框架，为什么不试试做好这件事呢？

于是我从 2023 年 3 月开始构思这本书，前前后后用了半年时间，完成了《有趣有料的理财课：恋爱给我的理财启发》书稿。这本书把恋爱和理财结合起来，一是为了让读者更有代入感，更好地理解枯燥的理财知识，不会被密密麻麻的知识点"劝退"；二是为了表达我一直以来践行的观点：理性、真诚、热爱、勇敢，恋爱和理财都适用。

说到理财，市面上主流的理财渠道主要有 8 种。在前言里我先给大家总结一下，方便大家今后选择适合自己的理财产品，更好地满足财富增值的需要。

第一，银行理财。

银行理财是很传统的一种理财方式，也是大部分人接触理财产品的首选。在 2022 年资产新规《关于可转换公司债券适当性管理相关事项的通知》正式实施后，银行理财产品也全面进入净值化时代，类似公募基金，需要每天披露净值变化。换句话说，银行理财不再承诺保本保息，银行不再为它们发行的理财产品兜底。

第二，债券。

债券是政府、金融机构、工商企业等直接向社会借债、筹借资金时向投资者发行，同时承诺按一定利率支付利息，并按约定条件偿还本金的债权债务凭证。债券按照发行主体的不同，分为政府债券（国债等）、金融债券和公司债券等主要类型，其中可转债是一种特殊的公司债券。

第三，基金。

基金的运作方式是把钱委托给专业的投资人，也就是基金经理，让其进行投资管理，以获得较高的投资收益。根据投资对象的不同，基金可以分为货币基金、债券基金、混合基金、股票基金、基金中基金、另类投资基金等。其中股票基金和混合基金风险较高，预期收益也较高。债券基金和货币基金风险较低，预期收益也较低。

第四，股票。

股票是一种有价证券，它是股份有限公司签发的证明股东所持股份的凭证。因此买股票就是买上市公司，它的收益主要由股价波动带来的收益和上市公司分红收益两部分组成。股票投资的优势是流动性好，预期收益较高；缺点是受股市波动影响大，风险也比较高。

第五，信托。

信托产品是由信托公司发行的正规理财产品，与银行、保险、证券并列为中国四大金融支柱。信托产品的投资门槛较高，最低100万元起投，并且正常情况下不能提前终止。信托理财产品过去之所以能做到"高收益、低风险"，主要是享受了房地产市场爆发的时代红利，如今房地产红利逐步消失，也就需要谨慎对待这个理财渠道了。

第六，外汇投资。

外汇投资是指投资者为了获取投资收益而进行的不同货币之间的兑换行为。它的优点是买卖交易时长可以24小时不间断，不需要向银行缴纳手续费，市场透明度高；缺点是汇率波动大，需要密切关注外币的动向，不适合非专业投资者。

第七，期货投资。

期货投资是相对于现货交易的一种交易方式，它是在现货交易的基础上发展起来的。期货主要不是货，而是以某种大众产品（如苹果、大豆、石油等）以及金融资产（如股票、债券等）为标的的标准化可交易合约。比如，在郑州商品期货市场上就有苹果、菜粕、白糖等商品期货的交易，如图 0-1 所示。

郑州商品期货						
	名称	最新	涨幅↓	涨跌	持仓	日增仓
1	苹果主连	9293	+1.83%	+167	12.02万	+18768
2	菜粕主连	3158	+1.51%	+47	49.06万	-2590
3	菜油主连	8702	+1.35%	+116	29.01万	-7742
4	白糖主连	6940	+1.31%	+90	58.69万	-1685
5	菜籽主连	6169	+0.44%	+27	22	+4

图 0-1

期货投资的优点是流动性强、收益高、双向交易，以及以小博大的保证金制度，只需缴纳 5%~15% 的履约保证金；缺点是商品价格波动大，由于投资杠杆高，风险也很高，不适合非专业投资者。

第八，期权投资。

期权投资是一种比较复杂的投资方式。它的特点是投资人只需支付一定的权利金，便能够获得未来某一段时间内买入或卖出某种股票、指数基金、商品或货币的权利。如果在期权到期时市场价格有利于投资人,则投资人可以选择行使期权权利,从而获得更高的投资回报;如果在期权到期时市场价格不利于投资人,则投资人可以选择放弃期权权利,只损失已经支付的权利金。比如,上交所主要有上证 50ETF、沪深 300ETF、中证 500ETF 等期权标的,如图 0-2 所示。

	代码	名称	涨幅	现价	涨跌	涨速	主力净量	总手	换手	量比	所属行业	现手	开盘
1	510050	上证50ETF	+2.41%	2.634	+0.062	+0.08%	--	1249万	5.19%	1.94		11↓	2.570
2	510300	沪深300ETF	+2.00%	3.817	+0.075	+0.03%	--	1247万	3.99%	1.41		50↓	3.736
3	510500	中证500ETF	+1.72%	5.811	+0.098	+0.00%	--	377.0万	3.81%	1.12		60↓	5.703
4	588000	科创50ETF	+2.54%	0.927	+0.023	-0.11%	--	5144万	5.02%	1.78		11272↑	0.902
5	588080	科创板50ETF	+2.49%	0.904	+0.022	+0.00%	--	900.9万	2.80%	1.43		20↓	0.880

图 0-2

期权投资的优点是操作灵活、交易成本低等,可以以小博大。其缺点也很明显,就是投资风险高,不适合非专业投资者。

以上 8 种是当下市场中大家都可以参与的理财渠道,其中银行理财、债券、基金、股票是最常见的几个种类,而信托、外汇投资、期货投资、期权投资不适合非专业投资者。

本书分 5 章来具体讲解银行理财、债券、基金、股票的投资逻辑,把恋爱和理财相结合,让大家轻松从理财小白成长为专业玩家。

第 1 章,我会讲到如何挑选适合自己的基金,就像谈恋爱一样,与合适的人在一起很重要。从怎么筛选基金公司和基金经理到债券基金和指数基金有哪些具体分类,对于基金小白来说这是首先要搞清楚的。

第 2 章，我会讲到如何把握买卖基金的节奏，就像谈恋爱一样，再上头也不能盲目地把自己交出去。从买老基金好还是新发行的基金好，到如何构建基金组合才能在不同的市场风格中实现攻守兼备，以及为什么持有优秀的基金可以止盈不止损，在基金买卖中这些问题都需要自己不断寻找答案。

第 3 章，我会讲到股票交易里短线投机和长线投资的区别，就像谈恋爱一样，哪些人注定是过客，哪些人可能是归宿。长期持有、慢慢变富，是一件很难的事，以 10 年为单位，在股市做到平均年化收益率 10% 是件非常不容易的事情。但是如果踩对了一波市场行情，某一年赚 50% 并不是难事，能长期保持优秀比某个阶段特别厉害要难很多，当然回报也会多很多。

第 4 章，我会讲到股票交易里最关键也最难做到的一点，就是"犯错要承认，'割肉'要认真"，就像谈恋爱一样，坦然放下比勇敢去爱要艰难很多。股票交易是一件说起来容易但做起来困难的事，说它容易是因为它有自己的内在运行规律，只要我们抓住这些规律，赚钱就会比较轻松了；说它很难是因为我们的交易行为既受理性控制，也受情绪支配，而股票交易第一步是要养成严格遵守交易纪律的习惯，学会在个股走势不及预期时果断"割肉"。

第 5 章，我会讲到可转债和银行理财产品，如果不愿意承受股票的高波动，可以多多关注兼具债性和股性的可转债以及被稳健投

X　　有趣有料的理财课：恋爱给我的理财启发

资者追捧的银行理财产品。可转债的本质是上市公司发行的债券，在未转换为上市公司股票之前，都是作为公司负债存在的。可转债规则在设立之初就留了"口子"，可转债融资的钱可以通过激励投资者转股来达到上市公司不还钱的目的。我们利用上市公司想把我们从债主变成股东的心理，就有可能从中获取超额回报。

最后感谢一路支持我的读者和南海宝编辑。

没有读者们的支持，我无法坚持写 8 年理财公众号，积累不了这么丰富的理财素材。没有南海宝编辑的信任，我无法相信自己能写一本以恋爱为切入点的理财图书，这本书是我 2023 年做的最酷的事儿。

最后想给公众号"落英财局"的铁粉说几句真心话：也许有一天我不再做财经博主，希望这本书能给大家留下一丢丢回忆，有一小拨儿人记得杜笑笑就好。我曾经给了你们一些陪伴，你们也是我的青春呢！

落英（杜笑笑）

2023 年 12 月 1 日

目 录

第1章 享受恋爱的前提，是和合适的人在一起 …………… 1

1.1 选基金经理和选恋爱对象一样，合适很重要 ………… 3
1.2 想要稳稳的幸福，就要发掘债券和基金的闪光点 …… 10
1.3 钻石代表永恒，指数基金也可以 …………………… 18
1.4 选指数基金，看重"人品"，也别忽视"家庭" ……… 25
1.5 琳琅满目挑花眼，新手盲选策略指数基金 ………… 31

第2章 恋爱再上头，也要衡量付出和收益 ………………… 41

2.1 时刻保持清醒，买新基金须谨慎 …………………… 43
2.2 第一次买基金，这三点要搞清楚 …………………… 51
2.3 避免单押赛道，相信基金组合的力量 ……………… 59
2.4 付出是有成本的，用基金定投拉低持仓成本 ……… 68
2.5 买基金和谈恋爱一样，四大"雷区"不要碰 ……… 75

第3章 做一个恋爱中的"心机女"，永远把握主动权 …… 81

3.1 价值股还是成长股，到底选哪个 …………………… 83
3.2 周期股和概念股，越危险越动心 …………………… 91
3.3 市场风格大转变，"时间的玫瑰"还香吗 ………… 96

3.4　长线投资和短线投机背后的底层逻辑 ·············· 107
3.5　炒股前的观察期，就像恋爱前的暧昧期 ·············· 114

第 4 章　恋爱时全身心投入，分手时不拖泥带水 ·············· 121

4.1　不能"既要、又要、还要"，风险和收益永远相互依存 ·············· 123
4.2　通过左侧交易和右侧交易，重新认识自己 ·············· 133
4.3　避免被情绪主导，仓位管理很重要 ·············· 139
4.4　相信"渣男"会变好，投机主义很要命 ·············· 149
4.5　结束爱情长跑不可怕，可怕的是自我怀疑 ·············· 157

第 5 章　当爱情转化为亲情时，有个门槛叫安全感 ·············· 169

5.1　有安全感才能游刃有余，恋爱和理财都是 ·············· 171
5.2　除了打新，新债还能通过抢权配售买 ·············· 183
5.3　风浪大也不怕，用策略组合守护 安全感 ·············· 188
5.4　嫌弃股票风险高，债券默默守护你 ·············· 199
5.5　经济寒冬期，提前了解这些更安心 ·············· 205

后记 ·············· 213

第 1 章
享受恋爱的前提,是和合适的人在一起

　　爱他人其实就是一种自我投射,搞明白自己的需求,能少走很多弯路。

　　而理财的第一步,也是明确需求。

- 1.1 选基金经理和选恋爱对象一样，合适很重要
- 1.2 想要稳稳的幸福，就要发掘债券和基金的闪光点
- 1.3 钻石代表永恒，指数基金也可以
- 1.4 选指数基金，看重"人品"，也别忽视"家庭"
- 1.5 琳琅满目挑花眼，新手盲选策略指数基金

1.1 选基金经理和选恋爱对象一样，合适很重要

如果说大学时代有两道坎要跨过，大概就是考砸和失恋。

考砸让我们知道，不是所有 100 分的付出，都能得到 100 分的回报。努力很重要，努力的程度是可以自己掌控的。机遇也很重要，但是机遇是不由自己控制的。我们能做的就是付出 100 分的努力，当然 90 分也是人之常情，别过度"卷"自己，给自己一点喘息空间。至于结果是 80 分还是 120 分，我们要这样对待：当结果是 80 分时不自责，别陷入遗憾的内耗；当结果是 120 分时不"膨胀"（网络流行语，形容一个人越来越骄傲），不是每次努力都会有溢价。分数很重要，怎么看待分数也很重要，后者可能是我们一生的必修课。

失恋让我们明白，爱情没有好坏之分，但有"合适的爱情"和"不合适的爱情"之分。读书时我特别喜欢一句话："爱对了固然是运气，爱错了那也是青春"，也是这句话支撑我熬过大二的失恋期。

当时我在武汉读大学，初恋（对象）在长春读大学，地理距离和性格差异让这段刚萌芽的感情很快无疾而终。我至今还记得刚分

手时那段灰蒙蒙的日子，无论何时何地，想到他就会哭：上课时会哭，坐公交车也会哭。除开那段时光，这辈子再流过的眼泪，加起来都没有那段时间多。

当时的我失去的不只是一段感情，更是曾经骄傲、倔强的自己。分手后很长一段时间我都在想，是不是自己太骄傲了，学不会放下姿态体谅对方？是不是自己太倔强了，明明很想挽留，为什么不敢表达？

后来，我遇到了现在的老公钟先生，岁月的打磨让我褪去稚气，学会了撒娇示弱，也学会了勇敢说爱。我明白了"感情不是PK（对决），没有赢家和输家"，也明白了"爱要让对方感受到，是付出和理解"。

"合适的爱情"不仅是指遇到合适的人，也是指合适的自己在合适的时间，遇到合适的人。

我们在买基金的时候也是这样，要明确自己的投资风格，比如更重视收益还是更重视波动，是价值型投资者还是成长型投资者。要明确开始买入的时机，择时比较复杂，涉及基本面分析，我们在后面的章节会具体讲解，剩下的事就是挑选出合适的基金公司和基金经理。

第 1 章　享受恋爱的前提，是和合适的人在一起

根据天天基金网的数据，如图 1-1 所示，截至 2023 年 3 月 31 日，市场上有超过 200 家基金公司，有超过 1.8 万只基金产品。随着时间的推移，这些数据都还在持续增加中。

基金市场概况 共204家基金公司							截止日期：2023-03-31 数据来源：东方财富Choice数据
	全部	股票型	混合型	债券型	指数型	QDII	货币型
基金管理规模(亿元)	261279.64	22767.40	52617.39	76468.33	22503.19	2979.93	105406.52
基金数量(只)	18258	3223	8457	3950	2733	481	786

图 1-1

对新手来说，在市场上这么多的基金公司和基金经理里挑选，往往都要看花眼了，选择起来的确有不小的难度。

先思考第一个问题，有哪些比较优秀的基金公司值得我们关注呢？

我们在选择基金公司的时候，可以从以下 5 个方面来考察。

第一，看基金公司的**品牌声誉**，有良好声誉的基金公司才值得信赖。

我们可以通过基金评级和市场口碑来看基金公司的品牌声誉，比如，天天基金网对全市场的 200 多家基金公司做了一个评级，叫天相评级，大家可以参考。

天相评级设有 5 个等级（分别是 1 星、2 星、3 星、4 星、5 星），

如果公司评级达到 4 星或 5 星级，说明这家基金公司的整体实力不错。如果公司评级只达到 1 星或 2 星级，说明实力相对一般。那些暂无评级的基金公司，就要谨慎一些，可能某些方面有缺陷。

第二，看基金公司成立**时间和规模**情况，一家历史悠久、资产管理规模较大的基金公司，往往更具实力和稳定性。

对于基金公司管理的基金规模走势，需要关注的细节是它是否有太大的波动，以及管理的基金规模是否越来越大。如果基金管理的规模持续上升，就意味着这家公司的管理比较规范，效益相对较好，综合实力相对较强。

第三，看基金公司的**历史业绩**表现。

尽管过去的业绩不能保证未来的表现，但拥有长期稳定且良好的业绩，意味着该基金公司具有较强的投资管理能力。我们可以拿心仪的基金公司旗下基金产品的整体收益，与同类基金平均收益，以及沪深 300 指数收益做对比。比如，可以分别对比它们近 6 个月、近 1 年、近 3 年和近 5 年的收益。

第四，看基金的**持有人结构**。

机构持有的比例可以在一定程度上反映一家基金公司的实力，机构持有的比例越大，说明专业人士对这家基金公司越认可。

对于单个基金来说，如果机构持有的比例大，就说明这段时间机构比较看好该基金的投资逻辑。但由于机构对市场比较敏感，反应比较迅速，且进出市场很快，所以机构对基金净值的波动可能会有较大影响。

第五，看基金公司的**基金经理情况**。

基金经理是一只基金的灵魂人物，一只基金最终是赚钱还是亏钱，很大程度上取决于基金经理的投资水平。好的基金经理能让我们赚得多，因此在基金经理的选择上要特别注意。

那么问题来了，我们该从哪些方面判断基金经理是否优秀呢？

总的来看，有三个方面可以参考。

第一，基金经理的**投资经验**。

一般来说，基金经理的管理经验在 5 年以上为好，有 10 年以上经验更优。厉害的专业背景往往意味着基本功扎实，如果还能拥有深厚的资历和丰富的实战经验，那么这类基金经理管理的基金产品的长期收益大概率会是不错的。原因很简单，基金经理的基金管理从业年限越长，投资经验越丰富，对不同市场风格的适应程度就越好。

虽然经验不能当饭吃，但通常经验丰富的基金经理在应对极端情况时会更加沉稳。尤其是经过牛熊周期洗礼的基金经理,从长期来看,基金业绩相对会更加平稳。

第二,基金经理的**历史业绩**。

衡量基金经理盈利能力的指标,主要就是旗下基金的业绩。虽然考察基金经理的过往管理业绩,并不能起到预测未来业绩的作用,但是却能起到很好的参考作用。我们可以选择任职以来收益率高的,以及与同类基金相比,与代表市场平均收益的沪深 300 指数相比,收益率较好的那些基金的基金经理。

一般来说,可以选择管理基金过往业绩 3 年期排名、5 年期排名都在同类型前 1/4 的基金经理。同时可以观察其所管理基金的天相评级是否达到 4 星级以上,是否获得过金牛奖等,这些奖项对于基金经理来说是很好的加分项。

第三,基金经理的**投资风格**。

选择基金经理的时候,一定要选择与自己投资风格相符合的基金经理。如果你是价值投资者,最好选择投资风格为价值型的基金经理。相反,如果你是成长型投资者,最好选择投资风格为成长型的基金经理。你可以查看基金经理的历史资料、投资风格、基金行业配置、重仓股及仓位等,这些信息都可以通过第三方基金平台、基金定期发布的年报、半年报、季报查到。

总的来说，经历过一轮牛熊周期，并且管理一只基金达到 5 年以上，业绩表现相对较好的那些基金经理，才是我们需要考虑的对象。选择这类基金经理旗下的基金产品，未来长期的收益情况相对会比较好。

以上就是新手在购买基金的时候，筛选基金公司和基金经理的方法。

我投资基金已经有十多年时间了，我欣赏能够一直坚守自己的投资能力圈，同时不断迭代投资体系的基金经理。有不少基金经理乃至一些基金管理规模在百亿元以上的"明星"基金经理，之前都有过忍受不了不断逼空的行情，低位卖出手里的持仓股，高位买入热点题材股的情况。

我不能说这种"追涨杀跌"的行为是对是错，但是我很少买"跨界"基金经理的基金产品。因为每位基金经理都有自己擅长的领域，比如有人专攻消费板块，有人专攻高端制造板块，他们都有自己的投资能力圈。相比有些人在做投资时"由于一时涨跌随意切换赛道"，我更倾向于"术业有专攻"。

忍住寂寞，熬过周期，赚认知内的钱。

1.2 想要稳稳的幸福,就要发掘债券和基金的闪光点

基金的运作方式就是把钱委托给专业的投资人,也就是基金经理,让其进行投资管理,以获得较高的投资收益。根据投资对象的不同,基金可以分为货币基金、债券基金、混合基金、股票基金、基金中基金、另类投资基金等。

与风险较高的混合基金、股票基金相比,债券基金风险相对较低、波动相对平稳,一直以来都被视为规避风险的投资利器。具体来说,**债券基金**就是主要投资债券的基金。按相关规定,基金资产的 80% 以上要投资于债券,也可以有一小部分资金投资于股票市场、可转债、打新股,等等。

债券基金被视为规避风险的投资利器,一方面是由于风险小,债券基金主要投资于包括国债、金融债等到期还本付息的债券;另一方面是由于费率低,债券基金的申购费明显低于混合型基金和股票基金。

但是，风险低、波动低，也意味着预期收益相对不高，很多投资者看不上债券基金这类"老实人"。如果承受不了股票基金的波动，在市场行情不好的时候也想要"稳稳的幸福"，就得善于发掘"老实人"的有趣，好好了解债券基金的闪光点。尤其是风险承受能力较低、对收益稳定性要求较高的人，有闲置资金、希望获得高于银行存款和货币基金收益的人，有稳健理财需求和资产配置需求的个人和机构，都可以重点关注债券基金。

常见的债券基金有纯债基金、混合债基和可转债基金。

纯债基金最为专一，只投资债券市场，不投资股票和可转债，在所有类型中风险最小。它要求债券资产比例不低于基金资产的80%，建仓期后，基金经理最多只能留20%的现金观望，最多使用140%的杠杆。

纯债基金产生收益的主要部分就是债券，从时间维度来看，债券分为短债基金和中长债基金。

短债基金从名字就能看出来，投向短期债券，也就是一年期以内的债券。

中长债基金也很好理解，主要用于配置到期期限超过一年的债券。

想要辨认短债基金和中长债基金也很简单，从名字就能看出，或者看基金概况里的投资范围。比如，基金名字中含有"短债"的，就是短债基金。否则，一般都是中长债基金。

说到纯债基金，再科普一个知识点，债券收益除了票息，还有交易价格波动带来的收益。比如，债券的一年期利率是3%，投资者买入1万元的债券，到期本金加票息总和是1.03万元。除此之外，债券的收益还有交易价格波动带来的收益。

债券的利率和债券的价格是负相关的，也就是说，债券利率越低，债券价格就越高。怎么理解呢？假设现在十年期的国债收益率是3%，那么现在发行的债券利率就是3%。如果几个月后国债收益率下跌到2.5%，那么后来买债券的人就会觉得不划算，才几个月的时间收益就少了0.5%。

于是，大家就想买之前3%利率的债券，也就是老债。而债券利率的走势一般都是趋势性的，不会上个月利率为3%，下个月为3.2%，下下个月又变为2.8%。由于国债收益是与经济发展相关的，宏观经济不会出现这么反复无常的情况。所以当利率开始持续下滑时，大家会争相买老债。

群体效应下大家都追着买，就会导致交易价格变高，连带着债券的交易价差会变高。虽然债券的票息没有变化，但是交易价差这一部分能带来更高的收益。也就是说，当债券利率变高的时候，票息越来越高，交易价差越来越低。相反，当债券利率变低的时候，票息变低，交易价差越来越高。

接着说**混合债基**，除了投资债券，还会投资小部分股票和可转债，以求获得总体更高的收益。由于风险高于纯债基金，通常预期收益率也会更高。

混合债基还可以细分为混合一级债基和混合二级债基。混合一级债基，主要通过新股申购（仅网上）、参与增发、可转债转股等方式投资股票市场，不直接从二级市场参与投资。与一级债基不同，二级债基可以直接通过二级市场参与股票等权益类资产的投资，形式更加灵活。

术业有专攻，同时擅长两个领域的基金经理不多，一般二级债基都会有两位基金经理。一位基金经理管理债券，也就是固定收益部分的资金，另一位基金经理管理股票，也就是权益投资部分的资金。

总的来说，债券基金的收益与市场利率负相关。影响市场利率水平的因素有很多，核心因素是央行（中国人民银行）利率政策。还有银行间同业拆借利率，同业拆借利率的降低往往意味着银行的资金成本降低了，说明市场将被注入更多的流动资金。同业拆借利率作为货币市场基准利率的指示灯，一定程度上也反映了资金成本和流动性水平。

2020年之前，债券市场都是刚性兑付的，大家都相信债券不会违约，可是如今（2020年以后）默契被打破了。相对于以前，如今安全的投资标的数量大减，所以放低收益预期才能更好地控制风险。

相比混合型基金和股票基金，债券基金的申购费明显低很多。一般来说，同一只债券基金有 A、B、C 三类，分别代表三种不同的收费方式：A 类债券基金代表前端收费，B 类债券基金代表后端收费，C 类债券基金代表无申购费但有销售服务费。

买债券基金需要根据持有时间长短选择收费方式。若是短期投资 1~2 年，则选择 C 类债券基金。若是长期持有（3 年以上），则可以选择 B 类债券基金。若是不知道想持有多久，就选择 A 类债券基金。

还有一类比较特殊的债券基金，叫**可转债基金**，它主要投资可转债，兼具债券和股票的特性。相比前两者风险更高，预期收益率自然也比前两者高。

这几年打新债非常火，连带着对可转债基金的关注度也高起来。可转债是定向增发被管控之后，上市公司重要的融资途径，它的全称为可转换公司债券。简单地说，**可转债**是指上市公司依法发行，在一定时间内可以按既定的转股价格转换为指定股票的债券。它不是普通的债券，而是可以转换为股票的债券。

可转债在转换之前是债券，和纯债一样，可以获得票面利息。转换后就可以兑换成相应数量的股票，具有债券和股票的双重属性。也就是说，可转债作为债券有保底的利息收入，同时还能够跟随正股价格上涨而上涨，博取上不封顶的股市收益，攻守兼备。

举个例子，上市公司 M 发行一种面额为 100 元的可转换债券，票面利率为 2%，转股价为 5 元，转换为股票的比例为 1 张债券兑换 20 股。换句话说，持有该债券 1 年就可获得 2% 的利息。如果你买 100 元，那么一年后连本带息能获得 102 元。

是不是觉得利息不高，不太划算？并非如此，可转债有自己的独家优势，它有一项独特的权利，上市半年之后进入转股期可以转换为股票。

若一年后股价为 5.1 元，换股票和拿本息效果一样，都是 102 元。若一年后股价低于 5.1 元，换股票会亏损，不如直接拿本金和利息划算。若一年后股价超过 5.1 元，比如涨到 6 元，那么把 1 张 100 元的可转债换成 20 股股票，就能赚 20 元（20 × 6 - 100 = 20 元）。

也就是说，一年收益率是 20%，而不再是 2% 了。可转债的奥妙之处就在于，股市上涨能够获得超额收益，股市下跌还能有保本利息。

但是，它也会有风险，具体体现在两个方面。

一方面是基金经理的操作风险。不同的基金经理对后市的判断不同，对基金盈亏的影响很大。仍看上述例子，若该可转债半年后股价涨到 6 元，那么就会赚取 20 元，有 20% 的收益。这时交易价格是 120 元，若该可转债的基金经理看空未来市场，认为未来行情不好股票会下跌，就可能卖出，实现盈利 20%。而另一名基金经理可能认为目前 6 元的价格还低，上涨空间仍然较大，甚至有望涨到 10 元，选择 120 元买入。

这两名基金经理的操作截然相反，肯定会有一名基金经理的操作面临风险。若未来股价跌破 5.1 元，接手的基金经理亏 15%，即（102 - 120）/120 = -15%。

另一方面是赎回风险，可转债毕竟是债券，如果遇到公司强制赎回就可能亏损。如果可转债价格走高，达到符合条件的转股价值，那么上市公司会要求你限时转股，否则就会被低价回收。上市公司强赎可转债时，不是按照市价赎回，而是按照可转债的面值赎回，支付少许利息。

如果基金经理买到一只高价可转债，觉得涨了很多还会继续涨，万一遇到强赎，没有及时卖出的话，最后赎回价格可能还不到 101 元，很可能大亏。这时基金经理也可以选择不被强赎，直接卖出可转债获利，但是卖出可转债时遇到价格下跌也会亏损。

对于新发行的可转债，绝大多数在上市后都会上涨，这是可转债打新风险小、容易赚的原因。可在二级市场上交易的可转债就不

第 1 章 享受恋爱的前提，是和合适的人在一起

是只涨不跌了，主要跟其对应的正股价涨跌有关。如果正股价格下跌，可转债的价格也可能跟着跌。并且，可转债的涨跌幅首日最大可达到 57.3%，次日开始降至 20%，有时涨跌幅度比正股价格还要大一些。

从历史数据看，可转债基金要比普通债券基金收益高。当然它的风险也相对较大，不能当作普通债券基金看待。

1.3 钻石代表永恒,指数基金也可以

有人用钻石象征爱情,因为钻石意味着永恒,其实指数基金也可以。因为指数永续存在,即便指数成分股中有退市或被剔出指数的情况,对整个指数的影响也很小。

比如,美国的道琼斯指数,最初编制指数时其成分股有 12 只,如今这 12 只股票已经都不是其成分股了,但这并不影响该指数存在的意义。

个股也许会消失,但指数将长存,这在一定程度上可以降低投资的风险。

我和钟先生谈恋爱的时候,曾经跟他开玩笑说,跟我求婚时不要买钻戒,把买钻戒的钱拿去买指数基金,不仅都代表永恒,指数基金还能赚钱呢!

除了能永续存在,指数基金的另一个核心优势是能够降低非系统性风险。

现代金融理论中的投资组合理论认为,任何一只股票都有两种

风险：一种是系统性风险，比如经济危机等，会对所有股票产生影响；另一种是非系统性风险，比如经营问题、负面消息等，也会导致公司股价下跌。

投资个股就要面临这两种风险，若是投资指数，则只需要承担系统性风险，受非系统性风险的影响很小。

投资组合理论认为指数投资最优，因为投资个股就会遇到"黑天鹅"，但是投资指数不会，股神巴菲特也经常在公开场合推荐指数。

除此之外，投资指数基金还有三大内部优势。

一是被动投资，比较透明。

指数基金，顾名思义就是以特定指数（如沪深 300 指数、标普 500 指数、纳斯达克 100 指数、日经 225 指数等）为标的指数，并以该指数的成分股为投资对象的基金。通过购买该指数的全部或部分成分股构建投资组合，以追踪标的指数表现的基金产品。

也就是说，它不需要基金经理靠经验选股，不受人为因素的影响，只需要跟踪对应指数就可以。

二是交易费用较低。

由于不用基金经理靠经验选股，所以指数基金的管理成本要比主动管理型基金低很多。并且指数基金只要能完全跟踪指数就好，交易次数比较少，交易费用损耗也不多。随着投资规模越来越大，投资指数基金低成本的优势会越来越明显，具有显著的规模经济效应。

三是分散投资，风险较小。

股票基金可以理解为基金经理购买了一揽子股票，又分为主动管理型基金和被动管理型基金。

主动管理型基金买入股票的选择，是由基金公司和基金经理来决定的。被动管理型基金选择股票时，基金公司和基金经理是不参与的。比如指数基金，基金经理只需要根据编制好的指数，购买该指数的全部或部分成分股构建投资组合。

由于指数基金买入的股票数量有很多，能起到分散投资、降低风险的作用，所以不用担心买入个别股票会遇到"黑天鹅"事件。如果你能承受一定的风险和波动，但是又不想花时间和精力盯盘，那么指数基金就非常适合你。

很多人在买指数基金的时候，可能纠结过这样的问题：

◎ 买沪深300指数基金好，还是买它的增强型基金好？

◎ 为啥有些指数基金可以在第三方平台买，有些就只能在股票账户买？

其实这些都是指数基金的不同分类方式，理解后就会豁然开朗。最常见的是按指数的代表性来分类，可以分为综合指数、宽基指数和窄基指数。

综合指数是指指数样本包含所有上市股票，可以反映全市场状况的指数，比如上证指数、深证指数等。这类指数的参考意义大于投资意义，更多还是作为观察市场整体走势的一个指标。

宽基指数，顾名思义，成分股覆盖范围很广，并不局限于某一行业，通常包含多个行业的股票。比如上证50、沪深300、中证500、创业50、科创50等都属于这类指数，这类指数最为常用。这类指数还可以再细分，比如，按照上市公司的规模分为大盘股指数、中盘股指数、小盘股指数。

大盘股指数是指以上证50等为代表的蓝筹指数。成分股市值多在1000亿元以上，多是大国企或者行业龙头，也是价值投资的最好标的。

中盘股指数是指以中证500等为代表，价值和成长性兼具的指数，成分股市值多在100亿～500亿元之间。

小盘股指数是以创业板等为代表，具有成长性的指数，其成分股市值多在100亿元以下。

窄基指数，出现时间比较晚，是对宽基指数的一种补充，成分股之间同属于某一行业或某一主题等。比如医药、消费等行业性指数，再比如红利、基本面等主题类指数。

若是做基金定投，最好选择宽基指数。它们的成分股覆盖面广，风险分散程度高，长期看都是向上走，长期投资收益率大都不错。

之所以不推荐行业指数，并不是说明它不好。而是因为它对专业性要求比较高，需要对具体行业有比较深的了解。特别是强周期性的行业，比如证券、有色、煤炭、钢铁等领域，行业发展一般呈周期性波动，长期看不一定具有向上的趋势。

因此，行业指数更适合进行波段操作，在指数快速上涨的时候，捕获更多收益。若是不做判断就进行长期投资，收益率可能总是为负，就会越定投越迷茫，心理压力很大。

若是为择时抓热点，可以选行业指数或者主题指数。不过相对来说主动型基金可能更有优势，因为基金经理有经验和资源，有专业的团队辅助，普通投资者不具有优势。

如果按不同投资策略分类，指数基金也可以分为两类：量化增强型指数基金和完全复制型指数基金。

量化增强型指数基金是指基金经理在将大部分资产按照基准指数权重进行配置的基础上，用一部分资产进行积极的投资。其目的是，在紧跟基准指数的同时，获取高于基准指数的收益。

增强型指数基金是基金经理可以主观调整持仓水平的偏主动型的指数基金，可以长期持有。

完全复制型指数基金，力求按照基准指数的成份和权重进行配置，以最大限度地减小跟踪误差为目标。它没有基金经理的主观操作，交易费用也比较低，属于工具性质的基金，一般用于择时操作。

如果按不同的交易方式分类，指数基金也可以分为两类：场内交易指数基金和场外交易指数基金。

场内交易指数基金，主要是 ETF（Exchange Traded Fund，交易所交易基金）。ETF 一般在二级市场（就是股票账户）上交易，不做申购或赎回。最老牌的 ETF 是华夏上证 50ETF。

为方便场外投资者参与，有些 ETF 基金在场外有对应的 ETF 联接基金，ETF 联接基金的份额中大概有 90% 都投资于场内 ETF。而场内 ETF 的规模通常都很大，所以联接基金即便场外只有百万元级别的规模，也不影响投资。

有一类基金比较特殊，就是 LOF 指数基金，又叫上市型开放式基金，它既可以在场外交易，也可以在场内交易。

其他的基金，一般都是**场外交易指数基金**。特点是只能在场外做申购和赎回，但不能在二级市场交易，也就是不能像股票一样买卖。一般来说，两者主要是交易规则和交易费率不同。场内交易指数基金，适用于股票交易规则，交易费只有券商佣金，不收印花税。场外交易指数基金，适用于开放式基金的申购赎回。多数场外交易指数基金为了鼓励长期投资，达到一定投资期限，可以免申赎费。

一般情况下，基金后端申购基金满三年，可以免交申购费，持有期满两年，可以免交赎回费。

指数基金的分类，最常用的就是以上这三种，你现在是不是已经很清楚了呢？

总的来说，指数之间没有所谓的好与不好之分，与基金经理也没多大关系，重点是要明确投资目的或投资方向。具体如何选择指数基金，下一节会讲。

1.4 选指数基金,看重"人品",也别忽视"家庭"

相信看过上一节,大家对指数基金已经有了基础的了解。下面讲一下最关键的问题,普通投资者应该如何选择指数基金呢?

关键有两个环节,一是选好指数,二是选好基金公司。就像挑选恋爱对象一样,除了看对方的人品是否过硬,还要大致了解对方的成长环境和家庭氛围。

常见的指数有上证 50 指数、沪深 300 指数、中证 500 指数、中证 1000 指数。上证 50 指数是我们常说的国运指数,为什么这么说呢?

2022 年 A 股共有 5160 家公司披露了 2022 年的财务数据,合计营业总收入为 71.8 万亿元,归母净利润为 5.21 万亿元。而上证 50 指数代表的 50 家公司,2022 年归母净利润为 1.85 万亿元。

A 股包含全市场 5000 多家公司,净利润为 5.21 万亿元,上证 50 指数包含 50 家公司净利润为 1.85 万亿元,后者占全市场净利润的 35%。这都不是国运指数,那还有什么是呢?

沪深 300 指数是从上海和深圳两家交易所选取 300 家规模大、流动性好的公司组成的指数。由于选取范围广,所以能够代表 A 股整体的表现。作为各大基金公司的业绩基础,大家都希望旗下的基金产品有超过沪深 300 指数的收益。但是收益常年超过沪深 300 指数的基金产品确实不多,所以很多投资者喜欢直接买入沪深 300 指数基金。

中证 500 指数是选取上海和深圳两家交易所剔除沪深 300 指数后,市值最大的 500 家上市公司组成的指数,这 500 家公司都是中小市值公司。

大家可以这么理解,市值排名前 1~300 的上市公司在沪深 300 指数中,排名前 301~800 的上市公司在中证 500 指数中。中证 500 指数和中证 1000 指数同理,是分别剔除沪深 300 指数和中证 500 指数后,按照市值从高到低选出来的 500 家和 1000 家公司。

上证 50 指数、沪深 300 指数、中证 500 指数、中证 1000 指数都是**宽指数基金**,因为选取的范围很宽。

相对应的,行业指数一般都是由一个行业组成的,选取的范围很窄,所以也叫**窄基**。

关于宽指数基金和行业指数基金,我举一个形象的例子。

一个年级里，如果按总成绩排名，前 30 名分一组，中间 50 名分一组，接下来的 100 名再分一组。那么，这种分组就很宽，里面具有各种特长的同学都有，有的历史好，有的化学好，有的英语好。如果按科目成绩排名，历史成绩好的同学分一组，化学成绩好的同学分一组，英语成绩好的同学分一组。那么，这分组就很窄，并且具有针对性。

指数没有所谓的好坏，但我们在投资指数基金时，应尽量选低估值的指数。就像我们在买一家公司的股票时，即便选对一家优质公司，若是支付过高的价格购买股票，透支企业未来的盈利，也会赚不到钱，从而导致投资失败。

指数基金的本质是"一揽子"股票的组合，在投资的时候也需要看估值的高低，支付过高溢价也会导致长期浮亏。虽然基金定投能摊低成本，但对收益率的影响还是比较大的。没必要为 100 元的资产花费 200 元的价格，因为节省下的成本就是收益。

要想判断所选指数是否被低估，可以用相对估值法进行判断，参考指数的历史 PE（市盈率）值，最好选择在低于历史 PE 值（很多第三方基金投资平台都会实时公布指数市盈率，比如基金数据网站集思录）中位以下的区域进行投资。比如上证 50、沪深 300 等蓝筹指数，最好保证盈利收益率高于 10%，也就是在低于 10 倍

PE 时投资最安全。

同一个指数对应的基金，由于所属基金公司不同，所以会成立多个指数基金。比如，沪深 300 指数对应的指数基金有很多，有天弘沪深 300 指数、前海开源沪深 300 指数、嘉实沪深 300 指数等。

不同基金公司推出的指数基金，它们的差别主要在基金规模、跟踪误差和交易费用三方面，这些也是我们需要关注的地方。

第一，基金规模。看基金规模，本质上是看基金的流动性。

众所周知，主动型基金有一个"百亿魔咒"，当规模大到一定程度时，业绩很难表现出色，但指数基金不存在这个问题。指数基金的规模往往越大越好，特别是场内 ETF 基金，规模越大，流动性就越好。

若是指数基金规模太小，在卖出基金时就会缺少买盘，只能以更低的价格出手。一旦行情不好，出现集中申赎，就可能出现挤兑事件。

极端情况下，若是基金规模连续一段时间低于某一标准，还将面临清盘的危险。清盘不一定产生直接亏损，但可能导致前面已经有的低成本份额被浪费，从而错过最佳投资时机。

第二，跟踪误差。指数基金能够跟踪指数，是因为它能够根据指数的成分股和权重买入同样比例的成分股。

由于实际操作的一些客观原因，指数基金并不是严格按照标准来复制指数的，所以模拟指数的过程中存在误差。比如，指数基金虽然仓位很高，但不能满仓，需要预留部分资金来应对赎回；大额申赎，会导致指数基金相对于指数的涨跌幅度被稀释；指数基金复制指数，在购买股票时需要支付佣金和印花税，因为有成本损耗，所以指数基金的收益与指数收益也会有差距。若是遇到指数成分股停牌，指数基金无法及时买入该成分股，也会出现误差。

指数投资者投资的主要目的是获取市场的平均收益，而指数基金的跟踪误差会直接影响收益率水平，精确度是非常重要的一个标准。因此，最好选择跟踪误差小的基金，最好不要超过4%。一般来说，场内基金的跟踪误差最小。因为场内基金采用"一揽子"股票交换基金份额的实物申赎方式，不需要留存资金应付申赎，长年能够维持在95%以上的仓位。

第三，交易费用。指数基金采用以权重为比例复制指数成分股的方式，省掉了选股、择时、频繁调仓的管理费用，因此相较主动型基金的交易费用低很多，如果对指数基金进行长期投资，那么成本损耗会降低很多。

不过，即便是同一只基金，对于不同基金公司的不同销售渠道而言，交易费用也是有差别的。一般来说，官网和银行渠道交易费用较贵，第三方基金平台交易费用较便宜，我们要尽可能选择低成本的买卖渠道。

在选好指数和基金公司后，如果想做资产配置，可以从不同资产类别或者同一资产类别的不同分类进行组合配置。比如，从股票的大中小盘、行业板块等角度选择不同的指数。

举一个例子，老王做资产配置，他是这样选指数基金的。

买一只沪深300指数基金，一只中证500指数基金，一只科创50指数基金，一只恒生指数基金，一只纳斯达克指数基金，一只德国指数基金，一只黄金基金。

沪深300指数基金代表国内大盘基金，中证500指数基金代表国内中小盘基金，科创50指数基金代表中国芯片基金，恒生指数基金代表港股基金，纳斯达克指数基金代表美股基金，德国指数基金一定程度上代表了欧洲市场基金，黄金基金可以保值。

当然有一定资金量的资产配置可以这样组合，如果资金规模不是很大，那么建议最多买三到五只基金。

1.5 琳琅满目挑花眼,新手盲选策略指数基金

很多人在买基金的时候,一头雾水地看着市场上各种各样的基金,无从下手。哪些基金可以长期持有,哪些基金即便一直持有也不会赚太多钱,不少人都分不清楚。

比如,在 2023 年 6 月 1 日那天,市场有 10980 只公募基金。对新手来说,要想从这众多基金里面选择能够长期持有,并且还能不少赚钱的基金,的确是有一定的难度。

买基金的方法有很多种,其中有一个比较省事的策略,就是直接投资**策略指数基金**。市场上的策略指数基金有很多种,适合新手长期持有和定投的策略指数基金主要有三种:基本面指数基金、红利指数基金和行业龙头指数基金。

先说**基本面指数基金**,要想知道基本面指数基金是什么,我们就要先了解什么是基本面指数。

就像我们找恋爱对象时,要看对方的人品面、收入面、家庭面

等很多方面一样，投资一家公司也要看很多面，主要包括基本面、资金面、技术面、政策面和消息面。而基本面就是其中最重要的一面，简单地说，就是指公司的经营情况。

基金本质上是买入"一揽子"的股票组合，买股票说到底就是买公司的股份。所以我们需要通过了解公司的经营情况来判断它值不值得投资。

公司的经营情况有很多指标，而基本面指数使用的策略就是通过营业收入、现金流、净资产、分红这四个指标来选择优秀的上市公司。其中，**营业收入**是指公司卖产品或服务收到的钱，**现金流**是指公司多出来的现金。

营业收入只是计算产品被卖出去的时候收了多少钱，而生产产品和提供服务的成本是没有计算的。现金流是指用收到的现金减去投入的现金后剩下的现金，是真正多出来的钱。为什么说是多出来的钱，而不是赚到的钱？因为现金流还包括外部融资借来的钱。这部分只是多出来的钱，对公司的经营很有帮助，但不能算是赚的钱。

需要注意的是，现金流和利润不是一回事，它们是有区别的。很多公司看上去利润很多，实际上却没赚到钱，也就是现金流为负，比如，环保行业的很多公司就是如此。

还有一些公司看似在亏钱，但其实并不差钱。比如亚马逊在过去（2023年之前）的十几年里，年年亏损，利润为负，股价却大涨了几十倍，就是因为它的现金流非常好。

净资产又叫股东权益。我们知道，资产是指未来可能帮公司赚到钱的资源，比如厂房、设备、原材料、现金等，其中属于股东的那部分资源，就叫净资产。

分红，简单地说就是股息，是企业赚了钱之后拿出一部分来分给股东的钱。

一个企业存在的目的就是通过销售某种东西或者服务赚钱，最终把赚到的钱分给股东，所以营业收入、现金流、净资产、分红是代表一个企业经营成果的关键指标。

基本面指数，就是通过这四个指标在市场筛选合适的个股作为成份股来构建指数的，所以这个指数长期持有的话很难不赚钱。

那么，现在市场上有哪些基本面指数基金呢？具体来看主要有三种：第一种，基本面120指数基金；第二种，红利指数基金；第三种，行业龙头指数基金。

第一种，**基本面120指数基金**，它的选股标准是，首先计算深市股票各自的4个基本面指标：过去5年平均收入、过去5年平均现金流、当前净资产、过去 5 年平均分红额；然后，分别求出每个指标占所有股票的这一指标总和的百分比。比如，一家公司过去 5 年平均收入为 100 亿元，而所有公司过去 5 年平均收入的总和为 10000 亿元，那么这只股票过去 5 年平均收入占所有股票的这一指标的百分比就是 1%。然后，计算出每只股票 4 个百分比的平均数，再选取排名前 120 的股票作为基本面 120 指数基金的成分股。

总的来看，这个指数基金既有稳健性，又有一定的进攻性，相当均衡。说它稳健，是因为这个策略选出的都是大公司，也是市场中经营水平最好的公司。而它也有进攻性，因为这些成分股不只是大，而且业绩的成长性也相对较好，可以赚得更多，给股东的回报也会更丰厚，所以股价很容易上涨。

通常，学校里表现优秀的学生，进入社会后也大概率会持续表现优秀。公司也一样，过去业绩表现好的、重视股东利益的优秀公司，在未来也大概率会持续优秀。

第二种，**红利指数基金**，它是由一些股息率高、现金分红稳定，具有一定规模和流动性的股票组成的基金。就像我们在找恋爱对象时，如果对方的工作成长性强，收入相对稳定，还有一定的专业背景和行业认可度，那么就可给对方加分。

红利指数基金最大的特点就是所选股票的股息率高，分红高。实际上这也是红利指数的投资策略，具体可以从以下三个方面来分析。

第一，高分红意味着公司现金流稳定，不差钱。毕竟敢于高分红的公司通常都是现金流稳定、不差钱的好公司。

第二，股息率高的公司一般估值不会很高。要知道股息率等于股息与市值的比，也就是说，如果企业把当年的利润全部拿来分红，那么股息率越高，企业市值就越低，企业的估值也就越低，表现最明显的就是银行地产股。

第三，分红后通常会出现填权行情。比如，一只股票的合理股价是 10 元，当年分红 0.5 元后，股价就变成 9.5 元。如果各种条件都不变，那么第二年的合理股价应该是 10 元。这意味着这只股票的股价会从 9.5 元涨到 10 元。从 9.5 元涨到 10 元的过程就是填权行情。

填权之后投资者不仅可以拿到高股息，正股股价也相当于没有跌，这样投资者就真正实现了获利。而且高分红的公司相对成熟、稳定，经过时间的沉淀，能够长期保持高分红的公司，基本也就剩下权重大盘股的公司了，就是我们常说的"大蓝筹""国家队"。

因此，若股市上涨，它的股票通常是托市的力量。若股市下跌，相对来说，它们也能够对抗做空的力量，甚至可能在关键时刻成为救市的主力，逆势大涨。

目前（2023 年），国内的红利指数一共有四个：上证红利指数、中证红利指数、深证红利指数、标普红利指数。

上证红利指数，挑选的是上证市场上高股息、分红稳定的 50 只股票。由于上证红利指数中 500 亿元以上市值的公司，占据了一半以上的权重，它和上证 50 指数的重合度比较大，可以看作一只大盘股红利指数。

中证红利指数，选择的是沪深两市现金股息率高、分红稳定的 100 只股票。它采用股息率作为权重分配依据，以反映 A 股市场高分红股票的整体表现。

深证红利指数，选择的是深证市场上稳定分红的 40 只股票。

标普红利指数，选择的是 A 股股息率前 100 名的公司。除了股息率为前 100 名，该指数选取公司还有两个标准，一是公司过去 3 年的盈利增长必须为正，而且过去 12 个月的净利润必须为正；二是每只股票的权重不超过 3%，单个行业权重不超过 33%。这样的设定保证了成分股盈利稳定，行业分布也足够分散。

第三种，**行业龙头指数基金**，选择的是市场中各个细分行业的头部企业。

就像我们找恋爱对象时，如果对方在性格、学历、颜值等各个方面都比较优秀，那么其在婚恋市场上一定非常抢手，是非常理想的结婚对象。

现在市场上的行业龙头指数全称为恒生 A 股行业龙头指数，也就是说，这个指数是由恒生指数公司编制的。它把 A 股分成 11 个行业，每个行业中挑选出 5 家龙头企业作为成分股。具体给上市公司打分的标准是看以下三个指标：总市值、净利润、营业收入。具体的分数计算公式为：

分数＝市值排名×50％＋净利润排名×30％＋营业收入排名×20％

那么，最终得分最高的前 5 只股票就是成分股。总的来看，这类基金行业分布很均衡，并且成分股有以下三个优势：

第一，企业市场认可度高。

举个例子，提到"买插座、用酱油、喝白酒"这三件事情，你的脑子里是不是已经浮现出了三个品牌呢？这就是龙头企业的品牌效应，放在其他行业里也是一样的。最终体现在业绩上就是，龙头企业的毛利率会比非龙头企业高很多。

第二，上下游议价能力强。

龙头股往往在行业里有很大的占有率，这使得其对上下游的议价能力会更强。它们的现金流相比于行业中的其他企业会好很多，应对风险的能力也更高。

第三，企业稳定成长，不确定性较弱。

普通企业要想继续成长，要靠突然生产"爆款产品"，或者踩对"市场风口"。但是龙头股的地位已经成型，只需要稳定经营就能带来固定的成长。经营能力决定了发展潜力，龙头股在经营层面就已经开始碾压普通企业了。

这类公司因为有核心竞争力，可以活到最后，而且随着市场占有率的不断上升，定价权更强，更容易赚钱。因此，大资金在参与市场的时候，首选选择的就是行业内的龙头企业，它们会获得更多的资金青睐。而资金是推动股价上涨的核心，市场热度越来越高，龙头股自然也就水涨船高。在遇到股价调整下跌的时候，龙头股通常也是跌幅最小的那部分，因为有强大的大资金在扛着，即使下跌后也很快会修复。

明白了这些，我们就可以知道，通过选择龙头企业组成的指数基金，长期持有也会有相当不错的收益。根据我的经验来看，基本面指数基金、红利指数基金和行业龙头指数基金可以多多关注，都是比较基础的策略指数基金。

最后，提醒大家，基金投资是一项长期的理财行为，需要坚持五年以上时间，才能看到丰厚的回报。买基金不适合短线投资，不太可能立刻看到赚钱效应，我们要根据自己的情况来定。

第 2 章
恋爱再上头,也要衡量付出和收益

爱情不是自我绑架,更不能绑架对方。

1+1要大于2,就像理财一样,要做增量。

- 2.1 时刻保持清醒,买新基金须谨慎
- 2.2 第一次买基金,这三点要搞清楚
- 2.3 避免单押赛道,相信基金组合的力量
- 2.4 付出是有成本的,用基金定投拉低持仓成本
- 2.5 买基金和谈恋爱一样,四大"雷区"不要碰

2.1 时刻保持清醒，买新基金须谨慎

遇到钟先生之前，我理想的爱情是两个人在一起，快乐要 1+1 大于 2，在漫长的岁月中相互陪伴，一起从小朋友变成大朋友。我理想的伴侣有着少年的模样，浪漫且温柔，愿意在残酷的现实世界里陪我做晚熟的孩子。

钟先生的出现打破了我对未来伴侣的幻想，他黝黑而强壮，理性且务实，因为出生于商人家庭又幼年丧父，他有着不符合年龄的成熟。我和钟先生无论是成长环境还是为人处事都完全不同，他也是我从来没有接触过的男性类型。

刚开始和钟先生谈恋爱的时候，我刻意提醒自己不要过早沉迷在爱情里，也做好了提前抽身离开的准备。由于他对于我来说是完全陌生的男性类型，我不确定他是否能满足我对长期伴侣的需求，以及是否能真心接受我对未来生活的设想。

我们磨合了快一年时间，最终我确定了钟先生是可以和我奔赴未来的人。钟先生曾经跟我开玩笑说，做金融的女生是不是都像你

这么理性，害怕遇人不淑，损失时间成本，随时做好提前止损的准备？

我并不害怕损失时间成本，相反作为一个内心有些文艺气的女生，我认为青春无论跟谁在一起都会逝去，只要按照自己的意愿享受当下，就不算浪费。我只是不想把感情消耗在不合适的人身上，伤人伤己。就像我在第1章里写的"没有好的爱情和坏的爱情，只有合适的爱情和不合适的爱情"，我希望等到真正契合的灵魂。

回到投资上看，在市场火爆的时候，不少新基金开始发行，很多人纠结新发行的基金没有历史数据，到底能不能买。根据我以往的经验，对于大部分新发行的公募基金，都不建议抢购。除非你比较了解该基金经理的真实水平，以及对该基金的投资策略比较认同，那么可以适当地购买。

如果对新基金及其基金经理没有足够的了解，那我建议你多观察一段时间，看看基金上市后的表现，等到三五个月后或者一年后再做决定。

为什么不建议购买大部分的新基金呢？公募领域有句老话："易发难做，难发好做。"每当市场行情冷淡时，投资者认购不积极，但这个时候很多投资者能赚到钱。反而当基金容易销售的时候，市场往往是高点。一旦追高，后面很容易被锁相当长的一段时间。换句话说，新基金发行火爆往往是市场的反向指标。这时候市场开始过热，处于阶段性高点或者即将达到阶段性高点。

而新基金发行火爆的时候，主要的市场特征是新基金发行数量特别多且发行规模特别大，比如2020年年底和2021年年初就是新基金发行的高潮期。为什么会出现这种情况呢？

主要原因是，普通人知道股市很赚钱，开始入场后，会快速增加市场的泡沫。在这个市场中，专业机构最清醒，当市场过热时，它们就会把筹码抛给散户并离场，散户的资金量不足以继续推高股价，杀跌踩踏的情况就会出现。

比如，2015年牛市的时候，5178点出现在6月，此前涨得最疯狂的是4月和5月。也就是在这两个月之间，新发行基金的场面最火爆。记得当时东方红一只新基金三天募集了138亿元，景顺长城发行了一只新基金一天募集了110亿元，易方达的一只新基金一天募集了146亿元，整个市场非常疯狂。

下面，我们把新基金和老基金做一下对比，从四个方面来看一看它们的区别，大家就知道该如何选择了。

第一，看信息披露情况。

老基金从信息披露上来说，不仅有招募说明书，更有季报、半年报、年报。从中我们可以了解基金的重仓股有哪些，投资风格是怎样的，尤其是既往的业绩更是一览无余，这样我们在投资的时候，心里就会有数。

相比而言，新基金的公开信息就太少了。能看到的信息只有基金公司的基金经理、基金类别和招募说明书。

由于没有历史数据可以参考，我们在选择基金的时候，基本上是以基金公司披露的信息为根据的，很难形成自己的投资判断。

有时候，我们会遇到这种情况，在发行新基金的时候，基金公司会用老基金经理的名头来做宣传。很多投资者看到老基金经理此前业绩不错，认为找到了一个捡便宜的机会，就会买入。但实际上这依然是一个高风险决策，因为已经不止一只新基金出现过这种情况，那就是基金经理所管理的老基金业绩很好，但是新基金表现却不太好。

还有比较极端的情况，比如发行新基金的时候，基金公司用老基金经理的名头来做宣传，一段时间后，会给该基金增加一个基金经理。也就是说，这只新基金是由新的基金经理来管理的，老基金经理只是挂名而已，这个时候你才发现自己被"忽悠"了。

第二，看净值高低。

很多人会觉得新基金净值 1 元，比较便宜。而老基金如果业绩比较好，净值可能涨到了 2 元或 3 元，比较贵。但实际上，在选择基金的时候，基金净值的高低并没有什么意义，这是为什么呢？

我举一个例子，同样是 1000 元，可以买入 1000 份净值为 1 元的新基金，也可以买入 500 份净值为 2 元的老基金。假如这两只基金的净值在一段时间后都上涨 30%，则新基金的净值变成 1.3 元，老基金的净值变成 2.6 元，那么都收获了 300 元的收益。

因此，重要的不是净值高低或者基金份额多少，而是基金的上涨潜力。

我们关注的是投入 1000 元后涨幅是多少，从这个角度看，新基金和既往涨幅较好的基金相比并没有优势。

第三，看认购费率的高低。

新基金在认购期过后开放申购赎回，而申购基金缴纳的是申购费。目前各家基金销售平台的费用都不一样，例如雪球基金、蚂蚁财富、天天基金网等第三方基金销售平台通常打一折。但新基金认购期间的认购费通常是不打折的，并且新基金认购期和申购期间隔的时间并不长，所以没必要急着用高成本来认购，能省一点是一点。

第四，看基金的流动性，也就是赎回的时候是否方便。

新基金通常都有一个封闭期，这期间是不能够赎回的。如果新基金建仓刚刚完成就遭到股市暴跌，那么净值损失就比较大，投资者想赎回退出是不行的。但老基金不存在这种问题，如果投资者想要退出，直接赎回就好。从流动性上看，老基金比新基金更好。

大家要注意，如果新基金是场内 ETF 基金，会有一个额外的风险。场外基金往往是用现金认购的，但场内 ETF 基金可以用自己手里持有的成分股来认购。

举一个例子，如果我手里持有的笑笑上市公司的股票，正好是沪深 300 成分股之一，这时有一个新的沪深 300ETF 基金成立，我就可以用持有的笑笑股份认购这个新沪深 300ETF 基金，基金公司把收到的股份重新按照沪深 300 指数的比例进行配置就可以了。

但可能会出现这样一个问题，如果我在认购初期用很高金额的笑笑公司股份认购相应的新 ETF 基金，那么该 ETF 基金在这段时间持有笑笑公司股份的比例就会很高。如果刚好遇到笑笑公司股价杀跌，这个新 ETF 基金在短期内的跌幅就会超过所对应的指数。也就是说，指数本身可能没跌多少，但该 ETF 基金的净值跌幅比较大。这不是基金公司的问题，而是认购期本身的"幺蛾子"。

当然，凡事都不是绝对的，投资者除了比较了解新基金的基金经理的真实水平，以及对该新基金的投资策略比较认同，在以下两种情况下也可以适当地投资新基金。

第一，在大盘走势不明朗或者单边下跌的行情中，新基金的优势更大。

股市上有句话，叫作"牛市选老基金，熊市选新基金"。原因是，熊市新基金会跌得慢点。因为如果大盘走势不明朗，新基金由于有 3~6 月的建仓期，基金经理有较为充裕的时间去做低吸。老基金已经持有了一定的股票，仓位灵活性就差一些。

反过来，如果是在牛市中老基金就比较有优势，因为仓位重、份额多，在牛市中上涨也快。

第二，当某新基金的产品设计很独特，或者更适合当前市场环境时，这些新基金也是值得考虑的。

比如，当香港中小企业优选基金推出来的时候，投资者就可以结合当下行情，关注起来。

再比如，科创板 50 指数刚出来时，市场上没有投资科创板的基金，当新基金发行时就可以考虑进行适当配置。

那么问题来了，如果想买新基金，我们该怎么挑选呢？

首先，选好基金经理是关键。

新基金没有历史业绩可以做参考，没有持仓信息帮助你判断投资风格，所以要重视基金经理的投资能力。买基金这件事就好像你要吃饭，你请一位厨师来帮你烧菜，菜是否好吃取决于这位厨师的水平。但是，如果买指数基金，基金经理的重要性就没有那么大了，这时候要看指数本身的价值。

其次，关注基金的投资策略。

市场的热点板块是不断轮动的，通常一两年就会换几个板块炒作。如果你持有的新基金投资策略比较固定，就需要做好熬过一个板块轮动周期的准备。根据我的观察，新基金的短期表现往往都不太好，除非基金投资的范围刚好处于市场的热点板块，才可能有不错的收益。

如果市场上暂时没有符合自己要求的新基金，我认为，选择老基金会更稳妥一点。

2.2 第一次买基金，这三点要搞清楚

第一次购买基金时，很多人会听到这样一句话：这只基金很好，能够跑赢大盘指数，赚取超额收益。听着会感觉这只基金很有吸引力，可很多人并不清楚这句话是什么意思。其实并不复杂，这说明这只基金追求的是基金的**阿尔法收益**。

一般来说，基金收益由基金策略收益、大盘上涨带来的收益、残留收益三部分组成，用公式理解就是：

$$基金收益 = 阿尔法收益 + 贝塔收益 + 残留收益$$

其中基金经理通过选股，赚取超越市场收益的收益，这个收益被称为**阿尔法收益**。阿尔法收益是主动型的，主要看基金经理的水平。最常见的侧重阿尔法收益的基金是股票基金，通常需要基金经理依靠精选行业和个股来赚取超越大盘的收益，这也正是基金经理的价值所在。

贝塔收益，是指大盘上涨带来的收益，也就是水涨船高取得的收益。它是被动型的，与基金经理的个人能力关系不大。侧重贝塔

收益的基金中最典型的是指数基金，代表某一板块或者行业的整体一般情况。

而残留收益是随机变量，平均值为0，可忽略。

我举一个例子，大家就能更好地理解阿尔法收益和贝塔收益。

当基金经理投资时，就相当于在一辆行驶的火车上同向跑步。基金经理的速度等于火车的速度加上基金经理在火车上跑动的速度。也就是说，基金的收益等于市场整体的涨幅加上基金经理的策略收益。火车的速度对于整个列车上的人是一样的，同理整个市场的涨跌对于所有基金经理来说也是一样的。

这里的火车速度，就是整个市场的涨跌收益，也就是贝塔收益。基金经理在火车上跑动的速度，要看个人能力，也就是阿尔法收益。

我们常说的选基金要选一个好的基金经理，就是因为基金经理能带来阿尔法收益，这点相当不容易。不会选基金的话，最好买指数基金，目的是赚取市场的平均收益，也就是贝塔收益。只要看准一个行业的大趋势就能入手，不需要太多专业知识，也不用在意基金经理的好坏。

有一个比喻很形象：阿尔法收益是肉，贝塔收益是面。指数基金的收益都来自贝塔收益，卖的是馒头；主动型基金既有贝塔收益，也有阿尔法收益,卖的是有肉有面的包子。事实上,很多普通投资者连面都吃不上,甚至还被当作"韭菜"收割,这是很痛心的事。

重要的问题来了,购买基金的时候,我们该如何选择?

本质上说,阿尔法收益对应的是阿尔法策略,贝塔收益对应的是贝塔策略。若是稳健的投资者,可以选择倾向于贝塔收益的基金,做被动型投资,比如指数基金。若是积极型投资者,想追求阿尔法收益,就选主动型基金。

除了搞不清楚贝塔收益和阿尔法收益,很多人在第一次买基金时还会纠结基金净值的高低。很多人看好一只基金,但如果基金净值比较高,就开始犹豫不决。因为他们觉得净值高的基金,同样的成本买到的份额会少。而且高净值的基金,未来的上涨空间有限,不划算。

若你也是这样想的,就大错特错了。因为基金净值不是股票价格,不能拿买股票的思路来看基金净值。基金净值是投资组合的价值,而股票价格取决于人们愿意支付的价钱,这是两码事。投资组合的价值是随着基金所持有的股票、债券等资产的市场价格变动的。所以必须在每个交易日对基金的资产净值重新按照公允价格计算。

基金净值不存在偏贵或是便宜的说法,重点看的是回报率。那么问题来了,回报率如何计算呢?

假如你在期初买的基金的单位净值为1元,期末基金单位净值为1.1元,那么在不考虑分红的情况下,这段时间的基金回报率为(1.1-1)/1×100%=10%。若期间有分红,就要用累计单位净值代替单位净值计算回报率。

因此,基金能不能赚钱,看的是单位净值的涨幅,与买入时基金净值的高低没有关系。

我再举一个更形象的例子。

老王有本金10000元,投资基金的收益率为20%。老王买的A基金的初期净值为2.5元,不考虑费用成本损耗,则申购份额为4000份,期末净值为2.5×(1+20%)=3元,所以期末总资产为3×4000=12000元。

如果老王买的是B基金,初期净值为0.5元,不考虑费用成本损耗,则申购份额为20000份,期末净值为0.5×(1+20%)=0.6元,那么期末总资产为0.6×20000=12000元。

不管基金净值是高还是低,只要净值涨幅相同,最终的收益都一样,与份额多少没关系。很多人心里有疑问,高净值基金的未来上涨空间是不是有限的呢?这是把基金净值当作股票价格造成的误解。

对于股票，一般来说只要基本面不错，价格越低上涨的潜力越大，这是由股票的内在价值决定的。由于股票价格下跌，促使其偏离内在价值幅度较大，也就意味着该股票被低估，值得投资，这时候市场愿意支付一定价格购买该股票。

一般来说，股票的价格低要比价格高上涨空间大，但基金净值不是这样的。基金净值与投资者愿意支付多少价钱没有关系，而是由基金经理的经营业绩和初始份额净值决定的。基金净值的高低反映的是基金赚了多少钱。净值高，说明基金经理的投资能力强，已经赚了不少钱，并不能以此预测未来的基金收益情况。

因此，判断基金未来的上涨空间，关键是看基金经理的投资水平，而不是看净值的高低。

有一种情况大家可能遇到过：没有出现基金的大额赎回，但基金净值突然跌了不少，这是为什么呢？

这种情况大概率是由基金分红造成的。也就是基金公司通过分红使基金净值变低，因为累计净值并没有变化。那么，问题又来了，什么是基金分红？基金分红有什么意义呢？

基金分红，是基金将收益的一部分以现金的方式派发给基金投资人，这部分收益原本是基金净值的一部分。下面举一个例子。

你持有一只基金10000份，买的时候净值是1元，一年后这只基金净值涨到了1.5元，这时你的资产总值就变成了10000份×1.5元/份=15000元。此时基金公司决定分红，假设每份分红0.2元，那么你能分到多少钱？

10000份×分红0.2元/份=2000元，一共分到2000元。

有人又要说了："这不是我从基金上面赚到的钱吗？"接着上面的例子：

每份分红0.2元后，净值也会跟着降低，变成1.5-0.2=1.3元。如果你选择的是现金分红，那么你的银行卡不久后会收到2000元的现金，而基金账户的资产总值就变成了10000份×1.3元=13000元，口袋里的2000元+账户里的13000元=15000元。

现在大家明白了吧，基金分红并没有真的让你赚钱，只是基金公司"左手换右手"，把你的钱放回到你的另一个口袋了，所以基金分红不等于额外红利。

那么为什么基金公司喜欢分红呢？

一方面，基金分红没有赎回费，这是一大亮点。

另一方面，基金分红可以证明基金公司的实力。既然有资格分红，说明基金的收益不错，整体业绩也比较亮眼。不管投资者有没有得利，基金公司都将因此获得"优质基金"的称号。

这时候，有人会觉得，基金分红后净值降低，到时再买此基金，会不会更划算？

哪会有这样的好事，基金的收益与买点的净值高低关系不大。要看买入后单位份额净值的涨幅情况，涨幅越大，收益才会越多。通常，基金公司有两种分红方式：一种是现金分红，另一种是红利再投资。

现金分红，就是给你钱，基金份额不改变，但是基金净值会降低。

红利再投资，就是把本该分给你的钱，除以分红之后的净值，转换成对应的份额，放在你的基金账户里。这种情况相当于基金公司帮你免去了申购费的一次加仓。

一般来说，每年年初是基金分红的高峰期，有以下几个重要日期大家要记住。

权益登记日，是指基金管理人进行红利分配时，需要预先确定一个日期，在这一日期登记在册的持有人可以参加分红。

除息日，是指从基金资产中减去分红款的日期，这一天基金净值会降低，与权益登记日一般是同一天，也就是T日。

红利发放日，是指向投资者派发红利的日期，现金分红一般T+4日到账，红利再投资一般T+2日到账。

这三个日期弄不明白也没关系，大家只需要记住一点，就是要选择现金分红还是红利再投资。基金平台的默认分红方式一般是现金分红，需要红利再投资的话，将分红方式修改为红利再投资即可。

在市场行情不好的时候，我建议大家选择现金分红，这也是另一种形式的止盈。降低资产配置的仓位，起到避险的作用，让之前获得的收益变成账户里的钱，避免坐过山车。若后市行情看涨，就选择红利再投资，使你高效地低成本建仓，让赚取的利润"奔跑"，才会赚取更大的收益。

还有一点好处是，红利再投资没有申购费，如果想要长期投资，不想拿回现金，那么选择红利再投资比拿到现金后再申购能节省一笔购买成本。

现在基金公司经常把分红作为一种营销手段来吸引投资者，因为新手往往认为基金分红是一种额外的投资收益，分红越高代表基金的收益能力越强。

看完这一章，大家可别再被忽悠了。

2.3 避免单押赛道,相信基金组合的力量

很多人买基金时都存在一个问题,就是选择基金的标准很单一。简单地说,就是哪只涨得快买哪只,如果看到明星基金经理发行新基金也会去抢购。

这样,不知不觉就买了很多基金,有人甚至持有几十只基金,而且大部分基金都是股票型或者混合型的,持仓相当集中。这就导致"踩"对行情的时候基金涨得多,如果市场行情出现变化,基金就会暴跌,波动相当大。由于很多人忍受不了这样的波动,就会在利润缩水或者亏损的时候卖出基金。短期虽然可能赚到钱,但长期可能赚不到钱甚至亏钱。这并不是个例,大部分买基金的人都是这样的。

对新手来说,比较合适的操作手法是构建基金组合。不过很多人对构建基金组合存在误区,认为只要买上几只或者几十只基金(基金组合),就能获得丰厚的回报,实际上并不是这样的。

我们构建基金组合,并不是以投资基金的数量多少来判断的,

而是要综合考虑持有人的投资目标和风险承受能力，然后制定合适的策略进行配置。

比如，基金组合里常用的一种策略叫股债平衡法，简单来说就是用五成仓位买积极的偏股型基金，另外五成仓位买稳健的货币基金或者债券基金，每年轮动一次。这就是一个比较简单且实用的基金组合。

我们购买多只基金是需要统一规划进行购买的，不能像猴子掰玉米，感觉哪只好就买哪只。而通过规划和构建基金组合能赚钱，主要是因为构建基金组合具有三大优势。

第一，可以分散风险。

多只基金构成的组合，能避免单一基金下跌带来的风险，同时参与捕捉多个机会，在控制风险的基础上获取相对均衡的回报。比如，2020 年你买了大消费、医药板块的基金，2021 年这些基金并没有上涨，而新能源、光伏、芯片板块表现亮眼。如果持仓不变，那么 2021 年你的基金收益大概率不会好，因为"踩"空了行情。

第二，买卖点有依据，相对专业。

我们构建基金组合，是按照一定的投资策略进行的。什么时候该买基金，什么时候该卖基金，都要根据提前制定好的策略进行操作，而不是随心所欲凭感觉操作，这样可以避免追涨杀跌。比如，我们听说过的二八轮动策略，就是用20%的仓位买大盘指数基金，用80%的仓位买小盘指数基金。

20%和80%这两个比例也不用控制得很死板。比如，我们可以通过轮动策略，在底部区域首先拿出20%～40%的仓位建仓大盘指数基金。如果这部分仓位开始有收益了，就可以建仓中小盘指数基金，仓位控制在40%～60%。

如果中小盘指数基金也开始有收益了，就可以分批把剩余仓位和大盘指数基金仓位转换到中小盘指数基金上。当中小盘指数基金的收益达到自己定下的预期收益（比如收益达到10%～15%）时，可以考虑分批卖出。

第三，轻松省力，门槛低。

只要我们选择好适合自己的基金组合策略，就能直接"上车"，不需要再研究太多市场行情、基金选择方法等。

因为我们的目的很简单，只要长期来看能赚钱就好。这种投资方式可以节省很多时间，这些节省的时间就可以用来做自己擅长的事。

想要构建基金组合，首先要了解基金组合有哪些分类。按照投资标的划分，基金可以分为股票基金、指数基金、混合基金、债券基金、货币基金等。它们有不同的风险收益特征，其中股票基金和债券基金的风险主要来自股票市场和利率市场的波动,而货币基金主要投资国债和银行大额存单等,基本不会亏钱。

总的来说,偏股型基金风险最高,预期收益也最高。其次是债券基金,风险和收益均等,而货币基金的风险和收益最低。所以我们构建的基金组合基本上可以分为两个层次:

第一,在不同类型的基金之间进行组合配置,尽量选择相关性较低的不同基金品种,这样才能够有效分散风险,赢得收益。

第二,在基金的投资风格上做再平衡,可以进一步降低风险,锁定收益。

比如,我们可以把偏股型基金细分为大盘基金和小盘基金,或者是成长型基金和价值型基金的组合。这样既可以规避风格太集中的风险,又可以赚到不同周期变化中板块轮动的收益。就像2020年的爆款是白酒基金,而2021年的热门是新能源基金,它们就是不同时间周期下板块轮动的结果。

在这个大的投资策略框架下,我们可以把基金组合的形式具体分为三种。

第一种,哑铃式基金组合。

哑铃式,即选择两种不同风格收益特征的基金进行组合。如股票基金+债券基金、大盘基金+中小盘基金、成长型基金+价值型基金等。它的优点在于基金组合结构简单，不仅可以控制投资风险，维持较稳定的投资收益，而且由于基金数量较少，管理起来也很方便，适合刚入门的投资者。

第二，核心-卫星式基金组合。

这是一种相对灵活的基金组合方式。组合中"核心"部分主要选择长期业绩优异并且较为稳健的基金，"卫星"部分选择短期业绩突出的基金。这样既可以保障基金组合的长期稳健增长，无须频繁调仓，又能满足投资者灵活配置的需求，可以说是一举两得。

第三，金字塔式基金组合。

对于有一定投资经验的投资者，金字塔式的基金组合最为灵活。在金字塔的底端配置稳健的债券基金或货币基金，在腰部配置能够充分享受市场收益的指数基金，在顶端配置进攻性强的成长型股票基金。还需要根据自己的投资目标和风险偏好来确定金字塔各个部分的投资比例，从而获得较高的收益。

总的来说，哑铃式最简单，适合绝大部分投资者，尤其是喜欢基金定投的投资者；核心-卫星式相对较难，投资者需要对"核心"基金的筛选具有一定的判断力；金字塔式最难，主要特点是灵活性强，同时也很考验投资者的实际操作能力。

知道了基金组合的形式,我们该如何配置适合自己的基金组合呢?

第一步,确定预期的基金收益率。

对于不同的组合类型,具体的策略各不相同,我们需要根据自己的情况来选择,具体有以下三个方面。

◎ 投资期限

首先需要明确自己的资金可投资的时间。试想一下,如果组合计划投资期限为 3 年,而你在半年的时候要用钱,并且正好赶上组合表现较差的时候,那么只能被迫卖出,"割肉"离场。

◎ 投资目的

是打算做中长期储蓄,存养老钱,还是追求较高的收益,投资者要根据投资目的配置相应的基金组合。

◎可以承受的风险

所投基金组合需要在投资者的风险承受能力范围内配置,否则基金组合的短期大幅回撤,可能会让你寝食难安。

通过衡量以上三个方面的情况,我们就能明确想要的预期收益率是多少,能接受的最大亏损是多少。有一个比较简单的判断方法,即根据自己能接受的最大亏损来确定预期收益率。比如,你最多能够承受 30% 的亏损,那预期收益率就可以设置为 20%,甚至更低。

第二步,确定股票仓位。

想要提高收益,就必须加入以股票为代表的风险资产,偏股型基金是高收益、高风险的类型。如果基金组合的预期年化收益率是 10%~12%,则构建基金组合的股票仓位不宜低于 80%;如果预期年化收益率是 8%~10%,则股票仓位可以降低到 60%。

第三步,挑选基金组合。

在确定需要的股票仓位后,就可以开始构建基金组合了。下面我们以核心-卫星式基金组合为例,给大家具体讲解一下。

我们先看组合里的"核心"基金,一般选择 1~2 只全市场均衡配置型基金。它是整个基金组合的主力军,基本决定了基金组合的收益率水平。最简单的方法是,直接选择宽基指数基金或者它的增强型基金。如果想要选择主动型基金,可以选择明星基金经理旗下的王牌基金,也就是长期年化收益率高的基金。

对于"卫星"基金,追求进攻型基金的投资者可以选择行业主题型基金,不宜超过 3 只。追求防守型基金的投资者,可以用纯债基金,1 只就可以。行业主题型基金可以帮我们把握市场阶段性的机会,增强组合收益率。不过行业主题型基金更适合波段操作,所以它对投资能力的要求比较高。

至于行业主题型基金和纯债基金的持仓比例是多少，可以参考我们在第二步确定的股票仓位。比如，我们认为组合的股票仓位大概为 60%，那么行业主题型基金和纯债基金的比例可以设置为 6∶4，保证组合的股票仓位在 60% 的水平。对新手来说，以宽基指数基金为核心，用行业主题型基金+纯债基金为卫星基金的方法比较容易上手。

讲到这儿，我们对构建基金组合就有了大概的了解。可能有人会问，打造好基金组合后，我们该如何动态调整呢？

对投资者来说，会买的是徒弟，卖对的才是师傅。实际上，最简单的方法是以年为单位，做动态再平衡。比如，你持有核心-卫星式基金组合快一年了，那么此时可以检查一下宽基指数基金和债券基金的收益情况。

如果宽基指数基金的收益比较好，就把赚得的钱分摊一部分给债券基金；反之，如果宽基指数基金亏钱了，就把一部分债券基金的资金转给宽基指数基金。

对于行业主题型基金，新手判断起来难度比较大，简单方法是不选择强周期性的基金，而选择弱周期性的基金。选择弱周期性基金的好处是，可以将其当作宽基指数基金做动态再平衡。

还有一种特殊情况，即在股市发生大的震荡的时候，投资者需要动态调整基金组合。比如，当基金业绩或者我们的投资目标发生改变时，投资者应该调整投资的基金组合。

以上两种情况，是比较适用的基金组合调整策略，新手投资者可以试试看。

2.4 付出是有成本的，用基金定投拉低持仓成本

2019年和2020年股市爆发，很多人都对基金定投这种策略赞不绝口。甚至有人把基金定投"封神"，认为暴富就靠基金定投了。

基金定投的投资时间相对自由，投资门槛也比较低，不需要一次性投入一大笔钱，而是分散投资获得收益。最让新手投资者心动的是，定投的风险比较低，因为一开始投资金额少，即便亏损也可以接受。操作也非常简单，不需要具备很强的投资意识，非常容易上手。

因此，基金定投突然火爆起来，甚至被不少人视为赚钱利器。但在投资市场里，不可能"一招鲜，吃遍天"。要因"时"制宜、不断迭代，才符合当下的市场逻辑。就好比我们判断一个问题：是巴菲特的价值投资好，还是索罗斯的投机策略好？

答案是，只要你能靠它赚到钱就好，策略不过是实现目标的一

种方式。

基金定投的本质，是通过时间来拉低长期持仓的成本。无论是谈恋爱还是做投资，我们都要有成本意识。

在恋爱中，成本意识是你付出了多少，预期在什么阶段获得什么反馈。如果没有取得预期的反馈，就要考虑是选择在哪些方面持续付出打动对方，还是及时止损潇洒离开。

虽然付出是你情我愿的，不是与对方等价交换，但情感成本、经济成本、时间成本还是要平衡好，过度付出却没有得到预期回报，就要考虑自己的付出是否值得。

比如，在投资中，你想要定投的某只基金在某一个月下跌了6%，那么你可以通过定投的方法减少亏损，把亏损幅度缩小至3%甚至更小。

很多人会问：我买基金是为了赚钱，为啥要不断缩小亏损的幅度呢？原因可以从以下两方面来看。

一方面，我们采取分步建仓的方法，越跌越买，在这样不断加仓的过程中持仓成本会被摊薄，浮亏幅度会随之缩小。

另一方面，可以优化基金持有体验，只有浮亏的数字相对可控，大家才敢继续买入。

比如，投资 1 万元浮亏 30%，很多人会觉得很难受，不敢再定投；投资 10 万元浮亏 5%，很多人却感觉这只是波动，还能继续买入。但前者浮亏 3000 元，后者浮亏 5000 元，明明后者浮亏得更多，但持基体验却更好。

基金定投就是为了获取基金组合在未来一段时间内的平均价格。如果这个基金组合的总体趋势是震荡或者上涨的，那么你就能在未来找到一个比你买入的价格更高的价格，从而卖出获利。因此，基金定投的前提是该基金组合总体不能具有下跌趋势。

理论上，投资者不需要关注什么时候买入，这大大削弱了"择时"这个痛点，对新手投资者非常友好。很多参与过基金定投的人，会感觉基金定投就像古代打仗。刚开始，对方的火力往往非常猛烈，面对这种情况，如果一开战就将兵力都压上去，却被对方"团灭"了，想翻身就会很难。但是我们可以用"定投"的方式，逐步"输送兵力"，具体步骤如下。

第一步，先派少量兵力去探探对面啥情况；

第二步，再派一部分兵力占住一小片高地；

第三步，像蚂蚁搬家一样，慢慢输送兵力，稳住阵地并扩大范围。

等对方的火力越来越弱，我们就达成了战略目标。

定投是一种稳健的投资策略，由于股市牛短熊长，刚开始定投时大概率会亏损。只要我们能够模糊地知道结果，也就是知道未来的长期走势是向上的，就敢越跌越投。如果精确地知道结果，就不需要定投，只需一开始就全部买入。今天把所有的房子卖掉，明天把贷款拉满，后天等着暴富就行。

定投之所以要分若干次买入，就是因为投资者确定正确的方向是朝东走，只是过程中多多少少会走偏一些。所以只要大方向朝东就可以，能不能走到终点只是时间问题。而且定投在底部徘徊的时间越长，我们能捡到的便宜筹码就越多，最后形成的利润规模也就越大。

如果大家细心观察，就会发现基金的走势涨涨跌跌，非常符合微笑曲线。特别是定投基金的时候，微笑曲线的价值更大。**微笑曲线**，简单地说就是像微笑样子的曲线，再形象一点地描述，就是两边高，中间低，看起来像笑脸的嘴巴，如图 2-1 所示。

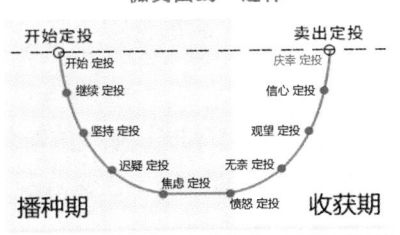

"微笑曲线"定律

图 2-1

就是这样一条看起来很平常的曲线,却是基金投资的奥妙所在。下面举一个基金定投的例子。

我们每月用 100 元定投买入基金 A。

第 1 个月基金 A 的净值是 5 元 1 份,100 元能买到 20 份;第 2 个月基金 A 的净值跌到 4 元 1 份,这样 100 元就能买到 25 份;第 3 个月基金 A 的净值继续下跌,一度跌到 2.5 元 1 份,定投 100 元就能买到 40 份。3 个月总共投入 300 元,买到了 85 份基金 A。如果从第 4 个月开始,基金 A 的净值开始上涨,当涨到 3 元 1 份时,85 份基金 A 的价值是 255 元。当第 5 个月涨回到一开始的 5 元 1 份时,85 份基金 A 的价值是 425 元,赚了 125 元,收益率达到 41.7%。

把这 5 个月的净值连起来,就是一条典型的微笑曲线。只是从 5 元下跌又涨回到 5 元,定投赚了 41.7%,这就是微笑曲线的魅力。这也是投资基金的诀窍,随着投资标的价格涨涨跌跌,形成了一个又一个微笑曲线。

如果能够坚持在市场杀跌时买入,就意味着在价格下跌时,你捡到了很多便宜货,摊薄了投资成本。一旦市场好转,价格上涨,基金很快就能赚到钱。股市过去的走势情况中,多次出现微笑曲线。那么问题来了,股市为什么会反复出现微笑曲线呢?

微笑曲线本质上是均值回归原理。大家可以将其理解为"涨多了一定会跌，跌多了一定会涨"，与价值投资的底层逻辑类似。价值投资里有一个"遛狗理论"，用来解释均值回归原理，也就是价格与价值的关系：

"把公司价值比喻成遛狗的人，把股票的价格比喻成狗，遛狗人在遛狗的时候——

有时候狗跑得快，跑到前面去了。

有时候又走得慢，落到后面去了。

但无论狗怎么跑，都始终不会偏离人太远，等主人回家了，狗也就回家了。"

再往深处讲，均值回归的背后，其实是资本逐利。

如果一个东西的价格比实际价值高，大家肯定不愿意再买了，想卖的人就会增多，价格自然就会下跌。但如果跌得太多，这时候大家又会跑过来捡便宜货，因为买得便宜，未来更有可能赚钱。

什么东西能赚钱，资本就往什么地方"跑"，这是最本质的原因。因此，只要你购买的基金，它的持仓个股都是优秀的上市公司，在市场杀跌时就不用慌。

万物皆有周期，虽然周期有长有短，但早晚它们的价值和价格都会回归到正常水平，高估和低估的状态都不会持续太久。真正想明白这点，你在大跌时就不会轻易"割肉"，就能做到坚持定投了。

2.5　买基金和谈恋爱一样，四大"雷区"不要碰

我的同事大媛是全公司的"恋爱导师"，只是很可惜进了一家财经自媒体公司，互联网上从此少了一位优秀的情感博主。

我在微信上向大媛取经，向她学到了四大恋爱"雷区"。

第一个"雷区"，只关注对方的近期生活，对对方之前的生活经历一概不知。

恋爱中的人是会伪装的，用现在流行的说法，是给自己"立人设"。但一个人的过往经历是真实存在的，是伪装不了的，也能反映一个人最真实的样子。了解对方之前的生活经历，不是为了窥探他人隐私，而是确认自己是否能接受真实的对方。

真正的爱情不是开始于"我爱你"，而是从双方卸下伪装、坦诚相见开始的。

第二个"雷区"，付出不止损，一味相信对方会改过自新，加

大沉没成本。

爱一个人需要勇气，决定不再爱一个人更需要勇气。可是大多数人在拿起时就用光了勇气，想要放下时没有了力气。你要明白，在你再三纠结并且依然很想放下的那一刻，你的爱情就结束了。多停留一秒，遇见对的人就会晚一秒。

第三个"雷区"，过早给恋爱对象"判死刑"，一旦判定不合适就换，不愿意磨合。

恋爱关系的突破口，我认为是经过摩擦产生嫌隙，然后两人慢慢修复它，这才是深层关系的开始。如果没有出现过分歧和矛盾，恋爱关系永远只能停留在表面，难以深入心底。

拒绝直面分歧、解决矛盾的人，并未打算建立真正的亲密关系。他们常常会用条条框框衡量他人，一旦发现其不符合标准，随时会抽身离开。表面上看，这样做避免了冲突和耗损，实际上他们并不打算为恋爱关系投入更多，也不打算为了对方适当改变自己。

这也是他们最可怕的地方，感情出现问题时，只换人不"修理"，不愿坦诚经营一段关系。结果就是"前任"（指前男友）一大堆，而自己越来越不相信爱情。

第四个"雷区"，把自己的择偶标准限制死，不敢尝试之前没接触过的类型。

第 2 章 恋爱再上头，也要衡量付出和收益

因为他们要的是现成的、量身定做的恋人，不用劳神费心，性价比极高。但这个世界上根本不存在完全契合的另一半。真正适合的伴侣，需要在磨合中逐步确认，可能与之前设想的类型完全不一样。

看完大媛的总结，我发现谈恋爱的四大"雷区"与买基金的四大"雷区"惊人地相似。我把买基金的四大"雷区"列出来，大家对照着看，会发现特别有意思。

第一个"雷区"，买涨不买跌，看排行榜买基金。

许多投资者往往只敢在股市上涨时购买基金，在股市下跌时就会犹豫不决。其实历史已经多次证明，很多时候股市下跌时才是购买基金的最好时机。

在市场处于低位的时候买入，亏损的风险反而更小，长期来看获得的收益也会更多。同时，投资者可以利用基金特有的定投功能，在低位时一点点买入，等到牛市来临的时候，收益会远远超过那些追涨的投资者。

很多人在买基金时还有一个误区，就是看排行榜买基金，根据3个月、6个月的短期业绩排行榜买基金。短期内业绩涨幅较大的基金，基本上都是压中了当前热门的板块。现在赚钱代表的是过去，未来不一定赚钱。如果后面市场风格不切换，这些基金的表现会一

直很好。一旦市场风格切换了，这些基金在排行榜上的跌幅也是最大的。

不过，长期的业绩排行榜是有参考意义的，比如近3年、近5年的业绩。如果这些基金的长期业绩都表现突出，预计未来也不会太差。因为足够长的时间跨度意味着基金经理经历过多轮的市场风格切换，在不同情况下基金还能保持较高的收益，说明基金经理的水平很不错，基金值得我们买入。

第二个"雷区"，基金要长期持有，不需要设置止损线。

我们常听说"基金止盈不止损"，除非是基金种类不适合自己或者基金经理长期业绩较差，一般情况下基金是不需要止损的。因为股市是有周期的，需要长期投资，一般来说5年时间比较好。即便是基金买到阶段性的高点，耐心持有等待下个周期的到来，也能赚到钱。而且基金经理会根据市场行情进行调整，从而使基金净值不断升高，赚到可观的收益。

但是这里说的止盈不止损，指的是优秀的基金。也就是说，我们买的基金要靠谱，并不是所有的基金都适合止盈不止损。如果你买的基金质地不好，一直买一直亏，那就应该及时止损，换购优秀的基金。否则不仅亏钱，还严重浪费了时间成本。

比如，有的行业板块长期走低，未来走势也没啥希望，这种板块里的基金就没有必要继续持有。如果基金经理管理水平比较差，很难在未来获取超额收益，你就要重新审视这只基金了。

总的来说，长期持有是一种投资思路，但也没有必要"在一棵树上吊死"。

第三个"雷区"，基金可以像股票一样短炒，买的基金数量越多越分散越好。

投资基金确实可以进行一些适当的波段操作，但不适合频繁做波段。一方面是因为基金在申购及赎回的时候，会有一笔不菲的手续费，会造成收益的损失；另一方面是因为普通投资者的择时能力一般都比较弱，不适合利用基金来频繁操作。

很多人因为喜欢短炒，买了一堆基金被套住，还安慰自己是在分散投资。

我们常说不要"把鸡蛋放在同一个篮子"里，很多人确实买了多只基金。但仔细看，都是偏股型基金，甚至是同一个主题的基金。数量上的分散并不等同于投资上的分散，基金经理的季报里，在资产组合情况一栏会有各类资产明细。这里的资产不是说买了多少只股票，因为股票就是同一类资产，都受股市的影响。

资产的分散，是指大类资产品种的分散。比如股市、债市、大宗商品、黄金等，它们都有对应的基金类型。简单地说，买更多的基金，而且是同一类基金，是不能做到分散风险的。

第四个"雷区"，不要买新基金，费用高。

有句话叫"牛市选老基金，熊市选新基金"。牛市里老基金的仓位较高，能跟上市场的涨幅。熊市里新基金仓位较低，能够以更低成本买到股票，等待之后的反弹。也就是说，买"新"（新基金）还是买"老"（老基金），与市场行情有关。不过新基金募集需要时间，封闭期、建仓期都需要一定的时间成本，在认购费率上也要高于老基金。

是否买入新基金，要结合市场行情、时间成本、流动性和费率情况综合考虑，不能"一棍子打死"。

第 3 章

做一个恋爱中的"心机女",永远把握主动权

拒绝无效付出和自我感动,策略大于努力。

爱情需要用心经营,理财也是。

- 3.1 价值股还是成长股，到底选哪个
- 3.2 周期股和概念股，越危险越动心
- 3.3 市场风格大转变，"时间的玫瑰"还香吗
- 3.4 长线投资和短线投机背后的底层逻辑
- 3.5 炒股前的观察期，就像恋爱前的暧昧期

第 3 章 做一个恋爱中的"心机女",永远把握主动权

3.1 价值股还是成长股,到底选哪个

在遇到心动对象之前,我们常常会纠结,到底选择"绩优股"还是"潜力股"?

"**绩优股**"一般处于事业上峰期,且其他方面条件大都不错,他们对个人前途相当看好,对另一半往往也有较高要求,要想真正打动他们,需要契机和时间。

"**潜力股**"一般处于事业上升期,在一个人还没有爆发的时候坚定地站在他身边,未来才有可能共富贵。但他也可能一直"潜着",未来升值空间并不大。

在找伴侣方面,我和钟先生可能做了截然不同的选择。

我遇到钟先生时,他还是事业刚起步的互联网打工仔,没房、没车、没背景。我当时因为吃到了自媒体红利,已经是小有名气的财经博主,收入大概是他的 5 倍以上,理财账户里的钱也足够我在深圳买房。

遇到钟先生之前,我找伴侣时特别慕强,几乎是按照找竞争对手的标准:最好方方面面压过我,能时刻激发我的胜负欲,很难接

受在事业方面过于"女强男弱"。

遇到钟先生之后，他会在我工作累的时候给我一个肩膀，在我咄咄逼人的时候担心我受伤，在我焦虑不安的时候拿出他的全部存款。他不会因为我的强势而疏远我，反而心疼我为什么要活得这么辛苦。

在我工作压力最大的那一年，钟先生给了我他能做到的全部支持。我也因为感受到他的付出，一路陪他从产品经理熬到产品总监，从城中村租房到有了自己的家。无论在买房还是结婚上，两个人从来没有因为金钱产生过分歧。

其实在恋爱中，无论对方是"绩优股"还是"潜力股"，我始终相信真诚和陪伴是通往幸福的捷径。有时候算计得太多，反而会绕一个大圈子。在投资中，不管是看财经媒体的股评还是看券商的研报，我们经常会听到价值股、蓝筹股、白马股、成长股等专业名词。比如，很多明星基金经理买股票，他们常用的一个说法是"做价值投资"，要买"蓝筹白马"。

简单地说，**蓝筹股**就是那些在其所属行业内占有支配性地位、业绩优良、成交活跃、红利优厚的大公司的股票，比如长期稳定增长的、大型的传统工业股及金融股。公认的**一线蓝筹**，是指业绩稳定、流股盘和总股本较大、权重较大的个股。这类股票通常价位不是太高，但群众基础好，往往是"国家队"护盘的主要标的，可起到四两拨千斤的作用。

判断什么股才是蓝筹股，主要看下面两个条件。

第一，这家企业长期稳定增长，是大型、传统工业股及金融股。

第二，公司业绩优良、收益稳定、股本规模大、红利优厚、股价走势稳健、市场形象良好。

符合这两个条件的股票，大概率就属于蓝筹股了。

白马股是指长期绩优、回报率高并具有较高投资价值的股票。因其有关的信息已经公开，业绩较为明朗，同时又兼有业绩优良、高成长、低风险的特点，因而具备较高的投资价值，往往为投资者所看好。

具体来看，白马股主要有以下四个特点。

第一，信息透明。白马股的业绩题材等相关信息明朗，为市场所共知，市场表现大多为持久的慢牛攀升行情。

第二，业绩优秀。白马股通常有着优良的业绩，较高的分红能力，能给投资者带来相对稳定丰厚的回报。具体来看，白马股的每股收益、净资产值收益率和每股净资产值均较高。

第三，增长持续稳定。上市公司稳定持续的增长期限越长，对企业越有利，白马股的增长性体现在主营业务收入增长率和净利润增长率等指标的持续稳定增长。

第四，低市盈率。白马股集市场期待的高收益、高成长、低风险于一身，尽管有时其绝对价位不低，但相对于公司高成长的潜质而言，股价尚有较大的上升空间，具体表现为市盈率的真实水平相对较低。

所谓**价值股**，就是相对于它们的现有收益，股价被低估的一类股票。这类股票通常具有低市盈率、低市净率、高股息的特征，投资这些股票主要受惠于公司脱困后的估值回升。一般来说，这类股票多出现在蓝筹股和白马股里，所以我们所接触到的价值投资理念，就是在蓝筹股和白马股里选择被市场低估的个股。

投资价值股，一般就是在价格低于其内在价值时买入，待价格回归后，价格能够充分反映价值时卖出，从而获利。

美国投资大师本杰明·格雷厄姆的**烟蒂投资法**，就是价值投资较早的著名例子。烟蒂投资法的核心理念就是注重投资的安全边际，即低价格、低估值，对公司的品质以及所处的行业要求不高。后来巴菲特把价值投资做了延伸，就是投资那些基本面优秀、业绩增长稳定、分红高的优质企业，获取公司每年的分红收益，也叫价值投资。

第 3 章 做一个恋爱中的"心机女",永远把握主动权

那么这类公司应该怎么选呢?简单地说,要满足以下 3 个条件。

第一,过去 5 年,年每股税后利润在 0.5 元以上;

第二,过去 5 年,年净资产收益率在 10% 以上;

第三,市盈率在 10 倍以下。

如果能满足以上 3 个条件,那最好,如果不能满足,那么可以把标准稍微放宽一点儿。市场一直在变化,我们需要做灵活调整。

成长股则是相对于价值股而言的,并没有统一的定义。有一种比较普遍的观点是,成长股是指具有高收益且市盈率、市净率倾向于比其他股票高的一类股票。也就是说,成长股投资对公司的营业收入、利润没有要求,但是对营业收入、利润的增速有较高的要求。基本年复合增长率要稳定在一定数值以上,才能被称为成长股。

举一个简单的例子,成长股就像刚进训练队的新生,经过持续的系统性训练后,无论是体能、技巧还是比赛成绩,对比之前都会有较为明显的增速。但要寻找一名优秀的成长型选手是很难的,在不断拥挤的赛道上,成功往往只属于小部分人。

所以投资成长股,是由于相信企业未来价值能快速增长而买入,待未来价格大幅上涨后卖出,从而获利。我们常说的投资新兴

公司，就是比较典型的成长股投资。

我们在选择成长股时，需要考虑以下5个因素。

第一，企业要有成长动因。这种动因包括产品、技术、管理及企业领导人等重大生产要素的更新，以及企业特有的某种重大优势等。

第二，企业规模较小。小规模企业对企业成长动因的反映较强烈，资本、产量、市场等要素的上升空间大，因而成长条件较优越。

第三，行业具有成长性。有行业背景支持的成长股，可靠性程度较高。

第四，评价成长股的主要指标应为利润总额的增长率而不是每股收益的增长水平，原因是后者会因年终派送红股而被摊薄。

第五，成长股的市盈率可能很高，这是投资人良好预期的结果。成长股的高价位有利于公司的市场筹资行为，从而反过来成为成长股成长的动力。

我们在选择成长股时，主要看以下三个指标。

第一，毛利率。

毛利率低的公司不适合进行成长股投资，大部分公司的毛利率很低，但发展却很好，这主要靠的是规模优势。当企业规模发展到一定程度时，它的成长速度必然会下降，这不符合我们投资成长股的逻辑。

第二，股本。

股本越小，扩张空间越大，成长潜力也越大。比如，2021年，市场更热衷于炒作成长股，这并不是说我们要参与炒作，而是要我们在投资成长型企业靠盈利增值赚钱的同时，顺便把估值上涨的钱也赚了。

第三，净资产收益率。

净资产收益率可以理解为赚钱能力，它可以衡量一个企业的盈利能力。通常来说，我们选择成长股要求净资产收益率至少在10%以上，不过市场一直在变化，我们也需要针对具体情况进行具体分析。

总的来说，价值股、蓝筹股、白马股、成长股只是从不同维度对股票进行分类，并非对立的两面，有时候是可以相互转化的。比如，传统行业中获得低估值的价值型公司，也可能有比较高的盈利增速，成为投资者青睐的成长股标的。相反，中小板、创业板里面也可能有符合低估特征的标的，一样可以被称为价值股。

大家常常会将价值股和蓝筹股混为一谈，但并非所有的蓝筹股都会被低估，因此两者不能画等号。此外，蓝筹股虽然底子好，但也并不是所有蓝筹股都具有很高的投资价值,这也是新手常常感觉迷惑的地方。

不管是价值股还是成长股,能符合对应筛选标准的股票,都是可以考虑入手的股票。入手(股票)后,坚定地陪伴这家公司成长,一起做时间的朋友,静待花开。

3.2　周期股和概念股，越危险越动心

我做财经博主这么多年，一直跟读者强调，新手买股票更适合买价值股和成长股，周期股可以在理解行业逻辑的前提下适当参与。

至于概念股，新手尽量远离，能赚钱当然好，稍有不慎，亏起来可能让人终生难忘。

周期股就像一个浪子，虽然常常不靠谱，但也算不上"渣男"。人生的出场顺序很重要，如果你瞅准时机出场，也能很快等到浪子回头的那天。概念股完完全全就是"渣男"，一开始会用尽花言巧语撩拨你的芳心。一旦把你诱惑到手，他对你的爱很快就会彻底结束，把你留在原地，错愕伤心。

周期股之所以叫周期股，主要是因为经济存在周期，行业存在周期，该行业的产品存在周期，该周期会表现在产品价格上。经济的一轮周期包括萧条、复苏、繁荣和衰退四个阶段。

当经济萧条时，市场需求弱，周期性产品供大于求，导致价格处于低位，相关公司业绩也处于低位，甚至处于亏损状态。

当经济复苏到繁荣，市场需求开始上升时，周期性产品逐渐供不应求，导致价格开始上涨，相关公司业绩不断好转，盈利不断扩大。

因此，周期股往往在一段时间内股价涨得特别疯狂，过一段时间股价会持续低迷，比如钢铁、煤炭和化工板块，就是典型的周期股。它们往往两三年不涨，一涨就让人惊掉下巴。

市场对周期股有个说法，叫作"平时不开张，开张吃三年"。那么问题来了，针对周期股，我们该如何投资呢？

简单地说，可以从以下四个方面入手，这四个方面其实是检验周期股投资机会的四个条件。如果一只股票能够同时满足这四个条件，大概率是好机会，值得加大仓位博弈。但如果其中好几个条件都不太符合，你可能就要仔细想想，这到底是机会还是陷阱了。

第一，周期性产品的价格处于历史相对较低的位置。

第二，行业生存状况恶劣。具体表现为中小企业大量退出，行业龙头的盈利能力有所下降，甚至面临亏损。

第三，关于产品本身，也就是这种周期性产品的市场需求必须有足够的刚性，不能是被替代性很强的产品。

第 3 章 做一个恋爱中的"心机女",永远把握主动权

具体分为两点,一是不能因为技术更新换代,需求马上就要不存在了。就像曾经的胶卷,如果摆在你面前的是这类需求,那么这很可能是即将被彻底消灭的周期股,再便宜都不能买,因为它大概率不会再有上涨的那一天了。

二是最好没有替代品,比如染料,不管价格上涨还是下跌,下游的服装加工厂都只能买你的产品。

只有这种刚性需求,才能支撑企业扛过周期低点,等到否极泰来的那一天。

第四,需要有一个买进的契机,这决定了你的进场时间。

通过以上四点就可以判断,摆在你面前的是不是机会,值不值得参与。如果选择的股票不符合以上四个条件,说明根本就不是机会,不用浪费时间,直接忽略就行了。但如果选择的股票符合以上四个条件,说明机会很大,值得参与。

不过究竟该什么时候参与,其实还是没有答案。就像想让浪子回头,一定得瞅准时机才行。如果太早出场,由于他还没折腾够,所以只会浪费时间。

有些时候虽然很明确地知道这只股票现在的位置处于周期底部,但也不见得马上就涨,它可能会在底部盘整好多年,机会成本

很高。所以周期股是否值得我们出手，关键要看行业有没有爆发的契机。如果有，就值得出手。

比如，2017年方大炭素股票暴涨就属于这种情况。方大炭素公司的主导产品是石墨电极，从2012年开始，石墨电极的价格就一路走低，到2017年，石墨电极的价格已经在历史低位很久了。此时，中小玩家基本已退出，方大碳素作为龙头企业也赚不到很多钱。但在2017年年初发改委发布的《促进汽车动力电池产业发展行动方案》文件引爆了市场需求，石墨电极需求大爆炸，方大炭素股价一路飞涨，成了当年的"妖股"。

如果说周期股属于"越危险越让人心动"的股票，那么概念股就属于"越危险越不能心动"的股票，新手最好不要碰。

股市经常会传出利好事件，这些事件虽然能刺激相关公司的股价上涨，但事件过后相关公司的业绩并未因此而增长。股价上涨只是因为投资人对事件产生了朦胧的预期，认为以后或许会令公司的业绩增长。这类股就是**概念股**。比如，之前火爆的工业母机概念股和元宇宙概念股。

就拿工业母机概念来说，在共同富裕和"专精特新"（指中小企业具备专业化、精细化、特色化、新颖化的特征）的政策背景下，之前发改委等部门在会议中将工业母机的发展规划放在了芯片和

第 3 章　做一个恋爱中的"心机女"，永远把握主动权

新能源汽车的前面，这个利好事件直接刺激了工业母机股大面积涨停。但发改委等部门的重视，并不会马上为机床企业带来业绩贡献，更多的还是对未来的朦胧预期而已，因此它们是不折不扣的概念股。

对于概念股来说，短期看，股价波动大，利好来了就涨停。但长期看，并没有什么持续性，往往最终又回到起点，甚至一年不如一年。为什么会出现这样的情况呢？

原因很简单，主要是没有业绩的支撑，股价上涨是利好刺激的情绪推动的，人的情绪来得快去得也快。今天爱你爱得死去活来，明天睡醒可能对你就没感觉了，活脱脱的一个"渣男"。

我非常不建议新手参与概念股投机。因为概念股波动又大又快，操作难度大，并不适合普通人参与。但很多人偏偏最喜欢买概念股，因为概念股动不动就涨停，看起来很诱人。

当我们忍不住追进去的时候，往往都是给别人高位接盘，成为名副其实的"韭菜"。就算偶尔投机成功赚钱了，吃亏的次数大概率比赚钱的次数要多，长期来看并不划算。

3.3　市场风格大转变，"时间的玫瑰"还香吗

从 2021 年到 2023 年，蓝筹股、白马股走势低迷，反观题材炒作越来越热。很多人郁闷了，价值投资已经不灵了吗？只有玩短线、炒题材才能赚钱吗？

实际上，这是两种不同的投资思路，价值投资一直都可以做，题材炒作在过去这些年也一直存在，只是最近这两年炒题材是市场为数不多赚钱效应还不错的选择，因此显得它更亮眼。但对于大部分普通投资者来说，题材炒作的难度要比投资蓝筹股、白马股高很多，在这个领域赚钱的是极少数人。

下面我们看一下，为什么蓝筹股、白马股这两年走势低迷，赚钱效益不太好。要想明白这个问题，就要知道价值投资的原理是什么。

蓝筹股、白马股的股价是不断波动的，但是它们的波动比较有规律，可以用一个形象的比喻"遛狗理论"来解释：有一个人带着狗在街上散步，这只狗一会儿跑到前面，一会儿再跑回到主人身边，还会跑到主人身后；当它跑得太远，快看不到主人时，又会折回来。

整个过程，狗就这样反反复复地围绕主人跑来跑去。最后，这个人和狗同时抵达终点，男子悠闲地走了一公里，而狗却走了四公里。放到市场中，这个人就代表公司的内在价值，而狗则是股票的交易价格。

也就是说，股票的价格总是上蹿下跳，有时可能会一直向上涨得离谱，但很快就飞流直下，跌得让人郁闷。但无论怎么波动，长期看，价格是围绕价值的，也会回归价值。

当然，无论价格如何变化，价格都是价值的反映。股票的价格是循环往复的，久涨必跌，久跌必涨，这是价格回归价值的必然结果。我们用更直观的公式来表示就是：

$$股价=市盈率 \times 每股收益$$

市盈率代表市场情绪，每股收益指税后利润与股本总数的比，是普通股东每持有一股所能享有的企业净利润或需承担的企业净亏损，代表了公司的业绩情况。也就是说，股价的变动是由情绪和业绩两个因素决定的。

为了方便大家理解，下面我来举一个更直观的例子。

笑笑公司每股收益1元，股价10元，对应的初始市盈率为10倍。

第一种情况，笑笑公司的业绩没有发生变化，只是市场情绪有波动，由于大家一直看好公司的发展前景，导致市盈率上涨20%。那么股价就由10元变成12元，带入上面的股价公式，股价上涨20%。

这种情况说明股价的短期走势跟企业的基本面没有关系，市场的偏见和贪婪可以导致股价严重低于内在价值，或者是高于企业的内在价值。

价值100元的股票经常出现100元以下的报价，我们利用市场的这种偏见和贪婪，买入低估的股票，就能够获得企业估值修复的收益。这就是巴菲特早期学习老师本杰明·格雷厄姆的烟蒂投资法的投资策略。

第二种情况，市场情绪没有大的波动，也就是市盈率不变，但笑笑公司的业绩得到了巨大的提升。比如，企业的每股收益增长了20%，那么股价也会增长20%。也就是说，虽然股价的短期走势与企业基本面不一致，但长期而言，股票的价格最终还是取决于笑笑公司的盈利水平和资产状况。企业的盈利增长，最终反映为股价的不断上涨。

因此，忽略市场价格的短期波动，长期投资于基本面良好的企业，就能赚到不少钱。这种情况主要依靠企业的基本面，对于市场的依赖性不强，即便市盈率长期不动，只要企业盈利增长，股价也会不停地上涨，因此可持续性很强，容易形成稳定的盈利模式。这是巴菲特一直说的"要陪伴优质公司一起成长"的投资逻辑，也是价值投资的本质所在。

第三种情况，市场情绪发生波动，同时笑笑公司的业绩也有所提升，两者协同共振，推动股价上涨。这种情况是最为理想的状态，也被称为"戴维斯双击"。比如，企业市盈率增长20%，同时企业的每股收益也增长20%，那么股价的上涨就是44%。即（1×1.2）×（10×1.2）=14.4元，收益=（14.4-10）/10×100%=44%。

当市场情绪和公司业绩发生共振时，意味着企业不仅盈利情况很好，同时被市场广泛关注，站在了风口上。以业绩为基础，经市场情绪催化，产生了持续性的爆发，笑笑公司的股票成为一只大牛股。

以上三种情况，就是价值投资的内在逻辑，也是2016年到2020年这段时间，蓝筹白马股爆发的核心逻辑。

从2016年到2017年，政策明确了供给侧改革，去杠杆，大力扶持传统经济，中小创（中小板和创业板）并购重组被叫停。这个阶段，大盘蓝筹的业绩明显得到改善，而中小创则大幅下滑。在业绩明确占优的情况下,大盘蓝筹的估值得到持续修复,带动了一波蓝筹股、白马股的持续上涨热潮。

从 2017 年到 2020 年,这个阶段主要是整个社会的消费升级阶段。白酒、医药板块的业绩增长预期相当不错,叠加市场对未来前期乐观,给予消费板块越来越高的估值,导致了蓝筹股、白马股的持续性暴涨。

比如,当年的大牛股海天味业,如图 3-1 所示,从 2016 年 3 月股价 33 元左右,持续上涨到 2021 年 1 月的最高点 126 元附近。在 5 年的时间里,股价翻了 4 倍多,这个涨幅当年惊艳了无数人。

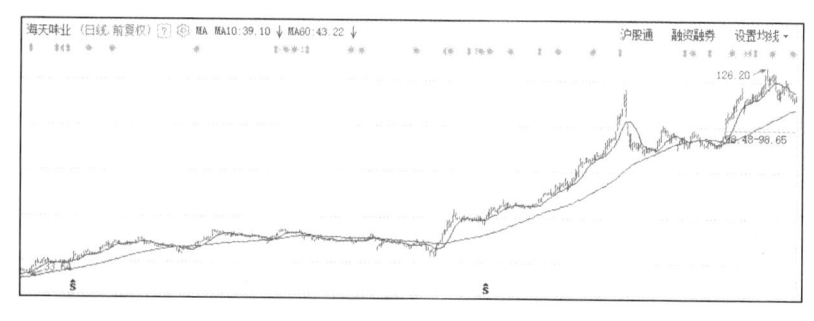

图 3-1

同样,海天味业的市盈率,从 2016 年 3 月的 30 倍左右,持续上涨到 2021 年年初的最高 118.76 倍,如图 3-2 所示。这 5 年时间市场持续看好海天味业未来的发展,愿意给它越来越高的估值,一直到后来出现了巨大的泡沫。

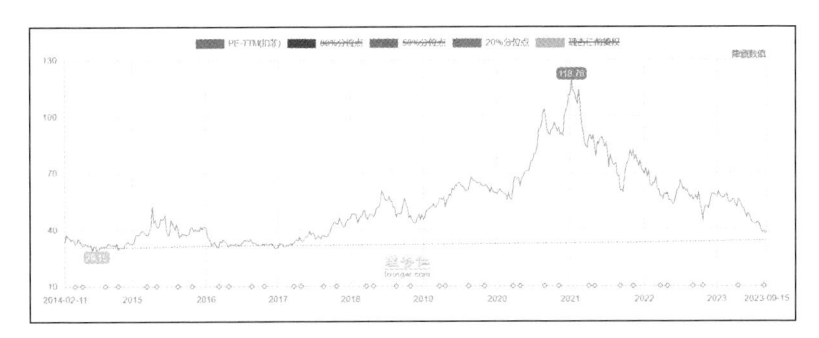

第 3 章 做一个恋爱中的"心机女",永远把握主动权　101

图 3-2

我们再看海天味业的净利润情况。在 2016 年到 2021 年这段时间,净利润也是持续增长的,如图 3-3 所示。业绩持续增长,叠加估值持续抬升,从而导致股价"起飞"。

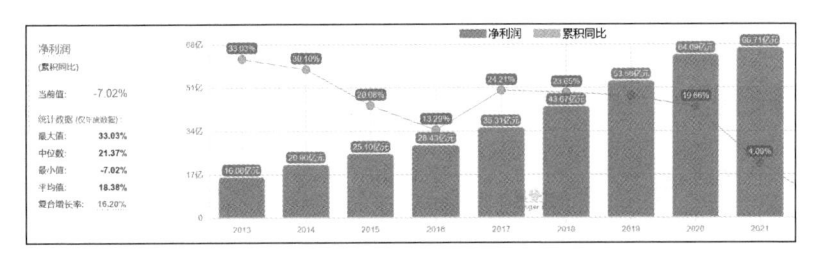

图 3-3

通过以上案例,我们知道了蓝筹股、白马股上涨的原因,那么也就可以明白为什么到 2021 年蓝筹股、白马股突然不行了。

还是以海天味业为例,2021 年 1 月,它的市盈率已经达到 118.76 倍,这意味着什么呢?

此时，我们买入海天味业这只股票，即便业绩持续稳定不变，由于市盈率太高，我们也可能会面临风险，因为这个价格泡沫已经很大了。

用前面的遛狗理论解释，就是此次这只小狗已经距离主人很远了，就要看不见了。这个时候也该回归主人身边了，也就是回归企业合理的价值区间。

对于消费股来说，正常的市盈率区间在 20~30 倍。也就是说，海天味业 118.76 倍的市盈率估值要重新跌回到 30 倍附近。所以，2021 年就是海天味业股价下跌的开始。

明白了这个案例，我们就知道价值投资是可行的。只是从 2021 年开始，泡沫被刺破，它们开始回归合理的价值区间而已。

蓝筹股、白马股这两年表现不好，主要是在消化前些年积累起来的高估值。在这期间，市场的主要炒作风格变了，蓝筹股、白马股不再是热点，很多资金也因此转变了风格。

实际上，如果市场有足够多的增量资金，蓝筹股、白马股可能会在高位震荡，通过长时间的横盘震荡来消化高估值。如果我们追高买入，即便赚不到钱，也不会亏太多。但从 2022 年开始，全球流动性收紧，市场中缺乏增量资金了。

公募基金的净申购、外资净流入，再加上私募和量化资金的增量,加起来都不足以抵消从资本市场抽离的资金,A股就开始"内卷"。在存量资金博弈下,一个板块的上涨必然会导致多个板块的下跌。因为大部分资金打不过就加入,都往一两个板块上走,形成少数风格赚钱,大部分风格亏损的情况。

此外,这几年市场资金的风格越来越多样化,2019年以前投资者类型相对较少,基本上都是散户加上游资。价值投资者主要是机构参与者,量化资金的规模相当小,几乎对市场没有多少影响,可以忽略不计。

整个市场主要是板块和题材的变化,没有风格和方法的太大差异。基本的模式是一波行情到来,"新韭菜"进场,游资坐庄收割,之后"韭菜"躺平了,市场也跌到低估值的区间,这时候再由价值投资者进场"捡"便宜筹码。

但是这两年市场的规模越来越大,市场资金的类型也越来越多。由于市场中没有新的资金进来,公募、私募、散户、游资、量化的风格不断变化,在不同的条件下互相收割。因此,市场炒作的逻辑不断变化,周期也越来越短,炒作难度不断升级,我们的感受就是"题材炒作很赚钱"。

题材炒作的本质是"炒情绪",也就是"画大饼"。如果大家认为某个板块未来会大涨,就会扎堆去参与。而这些题材短期很难被证伪,那些投机对了的少数投资者很快就能赚到较多的收益。叠加互联网的放大效应，这就让很多人觉得炒题材很容易赚钱。

比如，2023年上半年的大题材ChatGPT带动的人工智能概念，你不能说ChatGPT是一个骗局，但静下来仔细琢磨一下，ChatGPT目前真的是人工智能吗？

实际上，ChatGPT更像一个深度学习工具，它的计算能力超强，可以把海量数据进行重新拼接，并且计算速度很快，但它并不能创造新的东西。比如，只要让它看过所有的围棋棋谱，它就有可能打败围棋高手，但如果想让它因为懂得围棋去发明一个军棋，它是做不到的。

但对题材炒作来说这些并不重要，主要能通过ChatGPT讲出故事就够了。这个故事如果还有一定的业绩体现，以及更多的应用场景，那么市场的炒作就可能有持续性。在这种击鼓传花的游戏过程中，只要不成为最后拿到花的那个人，就有可能赚钱。

说白了，题材炒作是以零和博弈为主，能靠题材炒作赚钱的普通人是很少的。还拿人工智能这个板块来说，它未来还有炒作的可能，但参与的大部分普通人，最终依然会重复过去的"剧本"，不容易赚到钱。

我们把A股做个大致的划分，具体可以划分为四个大的赛道。

一是消费赛道，比如白酒、医药、汽车、家电等，属于核心板块；二是科技赛道，比如半导体、数字经济、计算机等，属于核心板块；三是金融赛道，比如证券、银行、保险等，没有核心板块，各板块都一样；四是周期赛道，这个领域基本上是听天由命的状态。

在这四个大的赛道中，消费赛道的大部分企业的股权结构稳定，很少出现消费企业减持的情况。反而是很多优质公司年年分红，比如茅台等。

它的不足之处是，如果业绩没有爆发性的增长，那么股价上涨的速度会比较慢；如果一定时间内有了过快的增长，那么还需要时间消化估值，不过相对好把握。

科技赛道和周期赛道，它们的业绩爆发性比较强，这些领域主要是题材股的集中地，往往上涨比较快，但下跌起来也没有底线，一旦买错时机很可能股价被腰斩，导致几年不反弹甚至退市都是可能的。

比如，2023年上半年上涨比较好的游戏娱乐板块，它上一次上涨还是在2015年，一口气跌了7年，到2022年10月才见底，太考验持有者的心态了。

金融赛道，比如证券股、银行股，它们主要起调控指数的作用。往往涨多了就砸盘，跌多了就拉升护盘，周而复始。主要扮演A股大盘守护者的角色，成长性并不大。

了解完 A 股的主要赛道情况，对大部分人来说，价值投资依然是一个比较可行的选项，但前提是对价值投资有比较深入的了解，形成自上而下的操作体系，每次买入和卖出都有逻辑支撑。

看好的个股买入后被套，短线变长线，然后一直持有不卖出，这不算价值投资。被套几年发现股价一直不涨，就认为价值投资不可行，"时间的玫瑰"不香了。

如果你对题材投资感兴趣，认为自己可以通过题材博弈这个负和游戏赚到别人的钱，那么你也可以适当参与，但要控制好参与的本金。如果尝试之后并没有收益上的提高，反而亏得更快更多，那就不要继续炒作题材了。

3.4 长线投资和短线投机背后的底层逻辑

2022年股市大跌，明星基金经理也因为管理的基金净值大跌，多次冲上社交平台热搜。这并不能说明星基金经理的投资能力突然不行了，主要是市场风格变化很快，对于专业的投资人来说，他们并不会紧跟市场热点做短线，而是会坚持自己的投资策略。他们看的是长线，短期内他们的投资收益不是很好，但长期来看，他们的历史年化收益还是会跑赢大部分普通人的。

不管是做长线还是做短线，你赚的每一分钱，都是你对这个世界认知的变现；你亏的每一分钱，也都是你对这个世界认知的缺陷。

大家对赚钱有热情是好事，但光有热情是不够的，一头冲进去，亏的是真金白银，所以我们要找到适合自己的策略。

具体来看，短线买的是小趋势，涨起来果断进入，到了预计的收益率马上走人。比如某个板块或者题材被市场追捧，相关股票有的预计会涨20%，有的预计会涨30%。只要到了目标收益率，马上就卖掉，落袋为安，不拖泥带水，不瞻前顾后，这就是短线。

根据市场情绪或者热点趋势来买股票，持仓时间在一两个交易日的交易，属于短线交易，如果趋势更长一些，有些股持有十天半个月也属于短线。

很多人把长线理解为"买了股票后大跌补仓，继续下跌则继续补仓"，然后美其名曰"长线持有"。这不叫长线，这叫"心理安慰"，其实就是自欺欺人。那么问题来了，什么是长线呢？

长线投资，是指基于企业基本面的投资。要对企业有深刻的认识，对所在行业了解，能够预计未来几年的发展趋势，最终才能分享到企业的长期价值带来的收益。

有人曾问股神巴菲特："你的投资体系这么简单，为什么别人没有和你做一样的事？"巴菲特回答说："因为没有人愿意慢慢变富。"

很多时候，慢就是快。不管是做长线投资还是做短线投机，都需要看大势。不谋全局者，不足谋一域，不要为了炒股而炒股，最重要的是要学会跳出股市看股市。

从我们自身的大势来看，以前国内财富效应最好的领域是房地产。国家需要通过房地产的发展来拉动上游的钢铁、水泥、建材，以及下游的家电消费等很多行业的发展。所以，过去那二十多年，如果你一直投资在房地产行业，现在赚几倍甚至十几倍，一点儿问题都没有。

举一个最明显的例子，对很多普通人来说，家里最值钱的就是父辈当年结婚时买的那套房子。如果是在大城市，2000年年初，父母花一二十万元买的一套房子，现在至少要值上百万元。如果在北上广深，价值几百万元也很正常。未来房地产已经很难再有过去那样的增长了，未来国家的重心在直接投资上，就是让企业通过直接融资市场获得发展需要的资金，也就是通过股市等渠道融资。

另外，市场的增量资金会继续涌入股市。现在越来越多的人认识到理财的重要性，会通过购买基金来参与股市。机构投资者的资金占股市总资金的比重越来越大，市场的增量资金会助推股市有一个更好的收益表现。

美国在二十世纪六七十年代，90%的牛股都来自消费和科技领域。美国在科技方面一直是领头羊，其他国家都是跟着美国的脚步发展，我国也不例外。参照已有路径，今后的十五年到二十年，大趋势一定是消费升级和产业升级。因此，买股票重点集中在消费和科技领域，这是长期的大方向。

但是，人是社会性动物，最大的特点是感性，容易被情绪影响。我们都知道做交易要理性，但在实际实践中并不容易做到，交易是一个逆人性的过程。

因此，我们要构建自己的交易系统，用系统来减少主观情绪对交易的影响。一个成熟的交易系统主要有两部分，交易策略和仓位管理。其中仓位管理是交易系统的生命线，也是账户盈利的一切源泉。就如同华尔街精英们都重视自己的身材管理一样，投资者必须注重自己的仓位管理。

仓位管理对我们买股票来说相当重要。如果你的持仓过重，一下子遭遇黑天鹅，亏损就会非常严重。如果你持仓过轻，在一波结构性的行情里，就会错失很多潜在的利润。所以持仓该多还是少，其间的衡量和取舍也很艰难。

一个好的仓位管理能力，可以让我们的资金曲线很平滑地增长，减少回撤比例。

但是仓位管理往往不被大多数普通投资者所重视，它也是大多数投资者的盲点，大家都知道学习技术分析、基本面分析，本质上就是学习行情分析，但恰恰忽略了学习仓位管理。

实际上，股市"老司机"都知道，仅仅正确判断一只股票的涨跌方向并不能决定胜负。买多少，什么时候买，什么时候卖，如何加仓，如何减仓，才是胜负的关键。

不管短线还是长线，账户资金的增长靠的并不是胜率，而是操作成功的股票盈利多少。我们要计算好账户的盈亏比例，不要盯着某只亏损股一直纠结，整体账户的收益增长才是我们要关心的事。

我们对仓位管理的重要性有了基本认识，接下来就可以考虑该使用多少仓位了。简单来说，在一定安全垫基础上，不同的大环境，适合不同的仓位，我们分四种情况来分析。

第一种情况，如果大环境非常好，市场情绪火爆，大家闭着眼睛买都赚钱的时候，就是显而易见的大牛市，适合八成以上重仓参与。

第二种情况，如果大环境还行，市场整体处于震荡盘整中。但是部分板块表现亮眼，有结构性行情，这时候可以用五到七成的仓位进行操作。

第三种情况，如果大环境一般，大盘基本处于阴跌状态，只有个别热点板块被市场炒作。这时候的赚钱机会并不多，就可以轻仓参与，大概三四成仓位就够了。轻仓的主要目的不是赚多少钱，而是通过实操及时把握市场的节奏和风向，为未来可能出现的行情做准备。

第四种情况，如果大环境很差，市场很低迷，甚至出现系统性风险，大盘就有暴跌的可能。这时候一两成仓位筑底就行，及时止损或者是止盈。

简单总结就是牛市要"猛干"，让利润"奔跑"。熊市要"猥琐发育"（游戏用语，指慢慢积蓄力量，不要贸然行动），让自己活着，不被市场摔下"牌桌"，这时候保住"车票"（本金）最重要。特别是对于一个风险平衡性投资者来说，这样的仓位管理方法，一定要严格遵守，可以在很多市场出现意外的时候"救命"。

实际上，对于个股来说，每个人的操作风格都不一样。比如很多今天买、明天就卖的超短选手，基本不存在仓位管理问题。超短选手眼里只有两种情况：一是市场有机会，二是市场没有机会。所以这类投资者在看到机会时，直接就满仓买入。

这种做法很激进，属于高风险高收益。在吃到一波行情的时候，充分享受复利，如果踩中"妖股"，收益很快就能翻倍。同样地，一不小心，也有可能会在一两天内回撤 30% 以上，快速"割肉"是很考验人性的。

我们说的仓位管理，主要是针对大多数平衡型选手。这样的仓位管理，可能未必会让你的账户收益突飞猛进，但是一定会让你的账户的总体风险处于可控状态，即便遇到系统性风险，也不会沉没。

在此，我给大家总结了四点注意事项。

第一，个股仓位占比不要超过整仓市值的三成，保持一两成就可以了。要死守这条线，当到达警戒位置时自动停止买入。

第二，同板块个股合计不超过三成，这样即便遇到同一板块全部跌停，总仓位金额的回撤也很小，处于可控范围内，就比较安心了。

第三，要选择多个不同板块，组成一个组合对冲风险。比如，可以同时布局热点板块和蓝筹股。如果市场出现大跌，特别是急跌的时候，"国家队"就会进场护盘，这时候大都是拉升蓝筹股、白马股等权重股，我们只要埋伏部分这类股就能减少很多损失。

第四，长线仓位，必须是基于深入研究过公司基本面，选择持有到一定周期后能赚大钱的股票，整个过程坚定持有，不需要关注一时涨跌。如果短线仓位被套，就放那里不动，做"鸵鸟"，相当于被动做长线，那么做着做着就会满仓长线了。

3.5 炒股前的观察期，就像恋爱前的暧昧期

现代人好像什么都讲究效率，走路要快，吃饭要快，赚钱要快。很难慢下来看看风景，喝杯咖啡，或者爱一个人。如果说爱情萌芽于自我意志的沉沦，那么我觉得最美妙也最重要的时刻，就是双向奔赴前的暧昧期。

在相互试探中加深了解，在来回拉扯中越陷越深。从暧昧期到恋爱期，是相互确认的过程，也是从爱想象中的人变成爱具体的人的过程。

如果太讲究效率，急于说爱，自然也会因为没真正了解对方，在看到对方的真实样子前急于说不爱。梁静茹有一首歌叫《慢慢来比较快》，有一句歌词我很喜欢：

"慢慢来却比较快，譬如爱，来得快去得也快，烟火痛快到头来却空白，用忍耐种下爱等待花开。"

我们在炒股时也有"暧昧期"，也就是决定买入前的观察期。

第 3 章 做一个恋爱中的"心机女",永远把握主动权

我们在选中一只股票后,可以从技术分析的角度对它做一个基本判断,确定这只股票在这个位置买入后赚钱的概率大不大。对新手来说,做技术分析时均线是使用比较多的一个技术指标。如果我们熟悉均线的使用方法,就能有一个大概的判断。

均线是移动平均线的简称,它是通过计算一组收盘价的平均值得到的一组平滑曲线。软件可以自动生成移动平均线,我们只需设置参数即可。

需要注意的是,这里的参数是时间周期,比如 5 日收盘价的移动平均线,就是通过计算当前交易日的收盘价加上前 4 个交易日的收盘价之和,除以周期 5 得到的曲线。用平滑曲线将每个交易日的均线数值连接起来,便形成了收盘价的 5 日移动平均线。

不同周期的移动平均线,其表现形式也不一样。参数的大小,决定了移动平均线是属于短期移动平均线、中期移动平均线还是长期移动平均线。

一般来说,短期移动平均线的周期参数常用的有 5 日、10 日、20 日;中期移动平均线的周期参数常用的有 30 日、60 日;长期移动平均线的周期参数常选用 120 日、250 日,如图 3-4 所示。

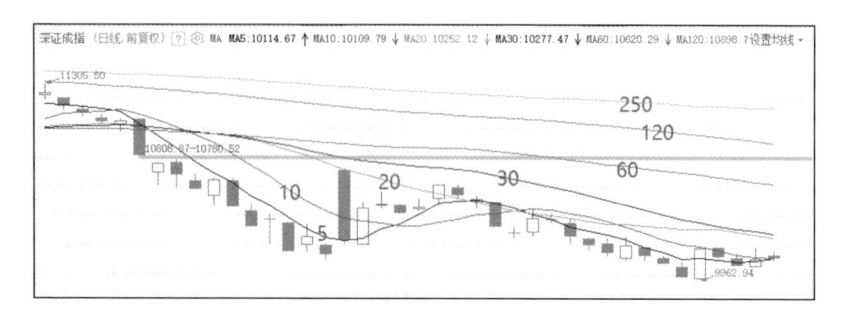

图 3-4

短期移动平均线代表着短期的走势，适合短线交易者使用。图 3-5 是某只股票的日 K 线图，图中的移动平均线主要有 3 条，①表示 5 日均线，②表示 10 日均线，③表示 20 日均线，它们代表了走势行情中的短期走势。

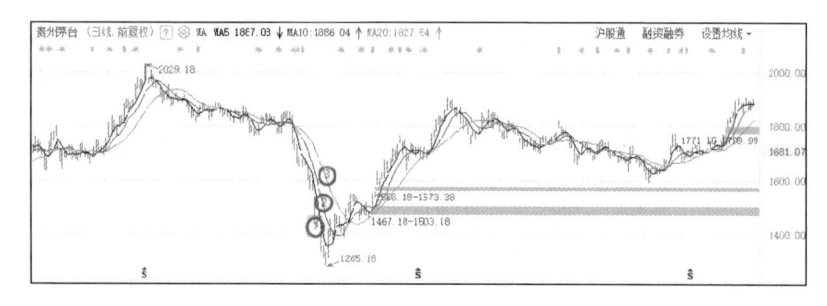

图 3-5

可以看到，当行情走势向上时，移动平均线也是向上运行的。即使行情过程中出现了短暂的向下回调走势，移动平均线也及时地给出了向下的运行方向。

一般来说，与 5 日均线相比，10 日均线尽管也属于短期均线，但是滞后性较大。比如当股价达到市场的顶部时，5 日均线是最先调头向下的，而 10 日均线的变化要稍稍滞后于 5 日均线。

20 日均线是短期移动平均线中参数较大的，而且它是短期移动平均线向中期移动平均线过渡的一种类型。因此，它既反映了短期趋势，又在一定程度上兼顾了中期走势。相应地，它的走势要滞后于 10 日均线。

中期移动平均线一般代表了中期行情走势，是中短线交易者的主要获利工具。对于短线投资者来说，中期移动平均线可能被当作长期趋势。对于中长期投资者来说，往往需要运用中期移动平均线来观看目前的走势行情。

与中期均线相比，长期移动平均线所选用的参数更大，一般常用的参数周期有 120 日均线、250 日均线等。长期移动平均线代表长期走势，而 120 日接近半年的交易日，因此又称为**半年线**，250 日接近全年的交易日，因此又称为**年线**。

图 3-6 是某只股票的日 K 线图，该图中的移动平均线为 120 日均线，也就是半年线，它代表了股价近半年的走势行情。

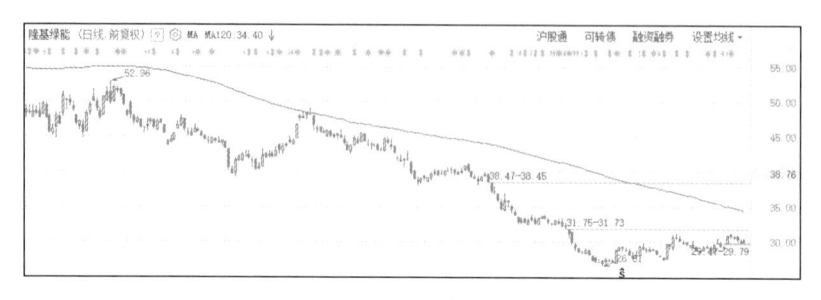

118　有趣有料的理财课：恋爱给我的理财启发

图 3-6

可以看到，该移动平均线是向下运行的，也就是说，从大趋势上看，股价目前正处于下跌阶段，因此短期即便有所上涨，也属于超跌反弹。如果你不能确认现在股价已经跌到最低点，那么参与进去很容易亏钱。

此外，均线具有支撑和阻力的作用，支撑和阻力也是技术分析的基本概念，是指股票价格在特定区间内受到买卖力量影响而难以突破的情况。

支撑位是股票价格下跌时的止跌点，**阻力位**是股票价格上涨时的止涨点。通过分析支撑位和阻力位，可以判断股票价格的波动情况。一般来说，支撑位通常是在价格下跌过程中出现的较低价格点，阻力位则是在价格上涨过程中出现的较高价格点。

通过均线也可以分析一只股票的支撑和阻力情况。如图 3-7 所示是某只股票的日 K 线图，这里我们只关注它的 20 日均线走势情况。在 A 区间，股价基本都是在 20 日均线上方移动。如果出现回落，就会在 20 日均线附近获得支撑，然后继续向上。

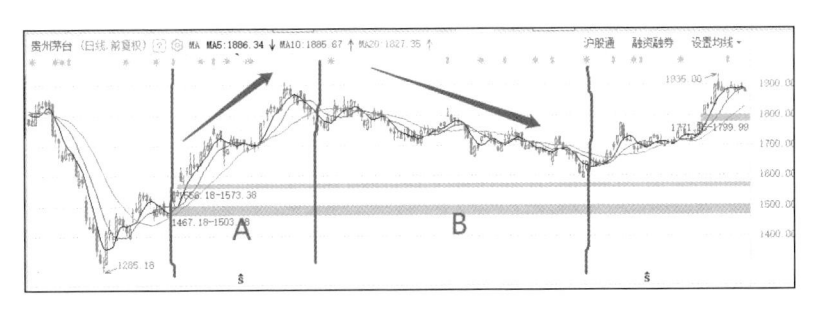

图 3-7

但是如果市场行情不好，股价跌破了 20 日均线，那么这个均线就会对股价形成压制，也就会成为它继续向上的阻力。比如，看 B 区间，股价开始沿着 20 日均线向下走，每次上涨到 20 日均线附近，都会受到压制，然后继续下跌。

需要注意的是，不同的时间周期可能显示不同的支撑和阻力情况，需要你根据自己的投资周期情况具体分析。现在我们明白了均线的这个特点，在选择个股买入的时候，就可以先看一下它的价格在均线的什么位置。

对于短线投资来说，如果股价走势一直在 5 日均线以上，就是最理想的情况。如果股价站在 10 日均线上移动，也很不错。如果股价能够站在 20 日均线上移动，也有赚钱机会。但如果跌破 20 日均线，并且短期再也不能站到 20 日均线以上，那么短期内就不要参与这只股票了。

这里没有固定的表现，选择 20 日均线作为最后的底线，是根据我个人的投资经验所得出的。如果你对风险承受能力较低，可以选择 10 日均线作为最后的保底,也就是股价不在 10 日均线以上就不选择,如果股价跌破 10 日均线就卖出。

当然在实际的使用过程中,我们往往不是单看一个均线的,而是把两个均线、三个均线,甚至是五个均线放在一起看。举个例子,如图 3-8 所示,它叫作五线顺上,也就是五只均线都是并排向上的趋势,这种情况往往意味着该个股可能会有一波大行情。比如某只个股的 5 日、10 日、20 日、60 日、120 日均线,均依次向上运行,那它的股价会一直涨不停。

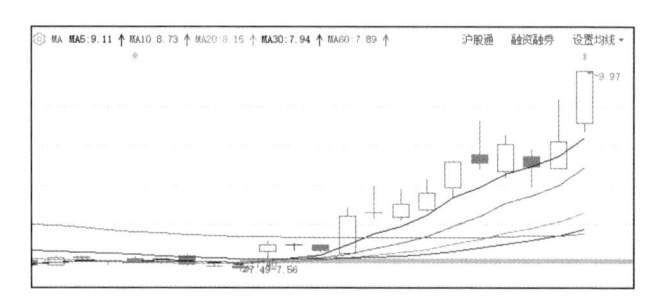

图 3-8

实际上,在一只股票的上涨周期中总会出现下跌段,它不可能一直处于五线之上。如果出现一定的回调,但又没有跌破五线向上的形态,那么这很可能是比较好的买入机会。特别是那些经过长期下跌周期,然后股价震荡企稳、重上五线的个股,未来走强的概率较大。

当然这还要结合大盘、个股能量强弱,以及基本面等情况综合观察,买入时才能更有把握。

第 4 章

恋爱时全身心投入，分手时不拖泥带水

恋爱时不把自己当弱者，分手时不把自己当受害者。

每段恋情都是重新认识自己的过程，每次理财也是。

- 4.1 不能"既要、又要、还要",风险和收益永远相互依存
- 4.2 通过左侧交易和右侧交易,重新认识自己
- 4.3 避免被情绪主导,仓位管理很重要
- 4.4 相信"渣男"会变好,投机主义很要命
- 4.5 结束爱情长跑不可怕,可怕的是自我怀疑

4.1 不能"既要、又要、还要",风险和收益永远相互依存

做投资和谈恋爱一样,最怕碰到不靠谱的"对象",割自己的"韭菜"。

我有一个 4 人微信小群,群名是"要我阳光还要我风情不摇曳"。这个群名是其中一个成员——社交恐怖分子光光,和她的芯片博士男友大吵一架后改的,这几年我们一直也没改回原来的名称。

博士被她的风趣吸引,又介意她对谁都风趣,在外"招蜂引蝶"。而光光既喜欢博士智商高、会照顾人,又嫌弃博士只有"芯"不长"心",很多时候像一个温暖的机器人。

无论是博士还是光光,谈对象都有点"既要、又要、还要"。我当时还在群里感慨:"都市男女,利己得很呐!"

这里的"利己"并不是贬义词,从大学时期开始,我一直崇尚"利己爱人"的恋爱观。利己才能利人,爱己才能爱人。在一段亲密关系里,如果你一直得不到正向反馈,那么这既是对你自己青春的浪费,也让你没有办法去好好地爱对方。

就像恋爱中的我们最初被对方吸引,也是因为对方的某种特质戳中了我们的某一需求。物质价值也好,情绪价值也罢,好感往往从"利己"开始。而交往后产生的分歧,很多时候也是发现了对方不那么"利己"的一面,希望对方妥协改变。

之前小红书上有一个"梗"很火,叫作"找对象的不可能三角"。男人的不可能三角是"长得帅,会赚钱,特专一";女人的不可能三角是"长得美,智商高,性格好"。

我觉得也没那么绝对,但确实,无论男人还是女人,都没办法集所有"对立优点"于一身。你不能既要他年入千万,又要他乖巧顾家。你也不能既要她风情摇曳,又要她单纯懵懂。

而在投资理财领域,也有一个三角悖论,叫作"投资的不可能三角",如图 4-1 所示。简单地说,就是资金的安全性、流动性和收益性,三者不可能同时满足。

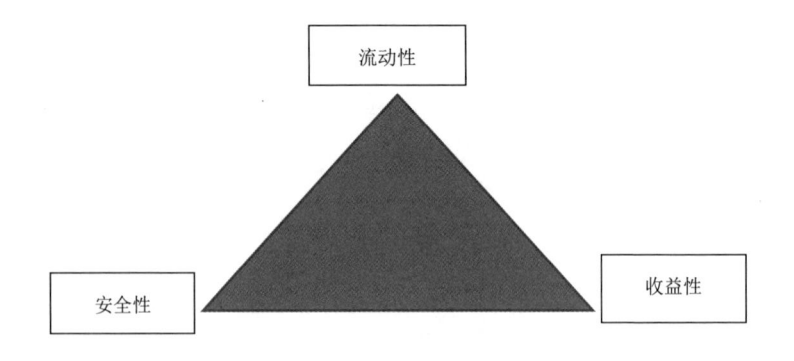

图 4-1

先说说**安全性**，指投资本金的保值能力，说安全性高，就是在投资过程中可能面临的损失风险较低。安全性高的资产，通常包括国债、银行存款、特定理财险等。拿国债来说，它主要是由政府发行的，具有较高的信用度和偿债能力。

对于国内的银行存款，根据《存款保险条例》规定，50万元以内的银行存款，不管存到大银行还是小银行，都必须刚性兑付。

对于特定理财险，比如增额终身寿险和年金险，保单权益都是写进保险合同的。根据《中华人民共和国保险法》第89条、第92条规定，对于保险公司写在保险合同里的确定权益，即便保险公司破产倒闭，也要为投保人按照合同兑付。

历史上也出现过保险公司破产倒闭的案例，比如之前的安邦保险倒闭了，银保监会接手后将其改名为大家保险。安邦保险原来所有的保单也都兑付了，没有一例违约。而股票、期货等高风险投资产品，具有比较大的波动性和不确定性，一般需要承担更高的风险。

我们在做投资决策时，也需要根据自己的风险承受能力和投资目标来权衡资产的安全性问题。如果投资目标是长期稳健增长的，就选择一些稳健的投资工具，比如长期债券、增额终身寿险、年金险等。如果投资目标是短期高收益的，则需要承担更多的风险，选择高风险、高回报的产品，比如股票、期货等。

大家记住一句话,风险和收益永远是一对 CP（Couple,泛指两人之间的亲密关系,也指搭档或组合）,号称"低风险、高收益"的产品大多是投资理财骗局。

这跟"世家财阀专找平民女孩相亲"一样,可能有 0.1% 的概率是遇到真爱,但有 99.9% 的概率是遇到"杀猪盘"。

再说说**流动性**,指在你需要资金时,能快速将资产转换为现金的能力。

流动性高的投资资产易于买卖,比如股票、短期债券等。不同产品有着不同的流动性,比如安全性较高的活期存款、货币基金,其流动性就很好。

像风险性较高的股票,也可以随时变现。而定期存款、长期债券等,就有一定的时间限制,流动性也更差。

我们在选择具体产品的时候,需要根据投资目标和短期资金需求,权衡流动性和收益性。如果有较大的短期资金需求,就需要选择流动性较高的投资工具。如果投资目标是长期增长,就可以适当放宽对流动性的要求,用时间换收益。

有时候流动性太高,并不是一件好事,因为我们可能"拿不住钱"。建议大家在制订长期攒钱计划的时候,可以通过前期流动性不那么高的金融工具来强制自己储蓄。

比如，增额终身寿险，一二十年后才能获得较为可观的收益，为了收益也不能提前支取。等后期需要用钱时，已经积少成多存下了钱，这时可以通过退保把钱取出来。

或者，在制定养老规划和使用年金险的时候，把收益后置，这样就能因为前期收益不高而打消取钱的念头，做到专款专用。很多年金险的前期收益只有 1%~2%，需要等到大家退休后按月或者按年领取，活多久，领多久。通过漫长的领取时间获得可观的收益，这种方式很适合养老。

最后说说**收益性**，指投资能够带来的利润或回报。

高收益的投资产品，通常伴随着较高的风险，如股票、期货等。具体来看，不同的产品其收益情况也不一样。比如股票、基金等高风险产品，往往具有更高的收益潜力，但也伴随着更大的风险。而国债、银行存款等稳健的理财产品，其收益水平相对较低。像增额终身寿险、年金险等理财险，需要更长的持有时间，才能在安全的同时获得可观的收益。

我们在选择投资产品的时候，要根据自身的情况来确定。如果追求高收益，就不要再奢求高的安全性了，而有的产品收益高，但流动性会受限制。比如，位于一线城市核心地段的房产，持有门槛比较高，变现相对来说也比较复杂。

如果投资目标是稳健增长，就可以选择稳健的产品，这时候就不要对收益有太高的期许。安全性高的资产，比如上文提到的国债、银行存款、特定理财险等，收益普遍都不算高。

总的来说，能够满足收益性和安全性要求的资产，大多不能满足流动性要求；能满足流动性和收益性要求的资产，大多不能满足安全性要求；而那些满足安全性和流动性要求的资产，大都不能满足收益性要求。

我们很难做到十全十美，只能在它们中间做选择。就像找对象一样，不能"既要、又要、还要"。

我做了多年的财经博主，发现很多人做投资理财时，都在纠结一个问题——流动性和安全性哪个更重要？风险或收益，我们该如何选择？

我总结了自己和身边人多年的投资经验，我们都有一个共同的原则。在经济上行周期，可以适当放松流动性要求来获取更高的收益，比如，过去这些年对楼市的投资。当然，投资房地产的黄金时代过去了，现在国家的方针是"房住不炒"，我也并不鼓励大家炒房，只是拿来举例。

而在经济下行周期，可以适当放松收益性要求，以获得更好的流动性，做到有备无患。对于安全性，要衡量自己的风险承受能力，任何时候都不能放松要求。

对我们个人来说，可以通过以下三个步骤来做。

第一步，搞明白自己的投资目标和风险承受能力。

只有明白自己具体的需求，才能选择合适的理财产品，达到资金的安全性、流动性和收益性三者之间的平衡。如果投资能力还不足，建议不要定太高的收益目标，以免急功近利，被高息陷阱欺骗；如果风险偏好较低，建议不要买太多风险资产，比如股票、期货等，投资之前，要先想明白"自己最多能亏多少钱"。

第二步，做资产配置，分散投资也是分散风险。

不能"把鸡蛋放在同一个篮子里"，更不能"把所有篮子都放在一辆车上"，这是防范风险的原则。

在选择资产的时候，可以通过不同的投资工具来降低整体资产的风险。同时，分散投资还能提高账户总资产的收益稳定性。

如果你投资了股票、定期存款和黄金等不同类型的产品，即使遇到金融危机，股票大跌，黄金也可能会大涨，弥补股票市场的损失后还可能略有盈余，并且只要银行不破产，你存在银行的 50 万元以内的定期存款，也一样会有收益。

第三步，时刻准备好四个账户，有节奏感才能游刃有余。

这四个账户分别放要花的钱、保命的钱、生钱的钱和保本的钱。

"**要花的钱**",是必须要留下来的,这是 3~6 个月的生活费,以应对我们平时的吃、穿、用、行。

这个账户的最大特点就是要保证流动性,可以放在银行类活期理财产品里,也可以购买货币基金,既比活期存款收益高,又足够安全,能灵活支取。

"**保命的钱**",是配置一些健康险,比如医疗险、重疾险和意外险等,用来对冲大病和意外的风险。

之前落英财局公众号的一些读者没买保险,家人生病后希望借用我的影响力,号召大家捐款,我并没有答应。不是我小气不愿意帮忙,而是一旦帮一个人发了信息,后续就会有一堆人找我。

因此,建议大家配置好健康险,及时转移因病带来的经济风险,而不是意外到来时到处去找"捐款"。

"**生钱的钱**",是用来实现财富增值的。

很多读者关注我,想提高投资理财认知。但是,收益和风险是相匹配的,提高认知只能相对降低风险。为了实现财富增值,我们需要配置一些高收益资产,比如期货、期权、股票、基金等。其中,适合普通投资者的是基金和股票,期货和期权适合专业投资者。

很重要的一点是,高收益对应着高风险,咱们这部分钱比例不要配置得太大。对于普通投资者，建议不要使这个比例超过 50%。如果市场不好，出现亏损，不至于影响生活，让人睡不着觉。

最后是"保本的钱"，这部分钱是不能承受任何风险的，因为这部分钱既要满足当前的需求，又要用于将来的美好生活。包括我们现在努力工作，不也是延迟满足，为了将来能有更好的生活吗？

所以"保本的钱"在四个账户中所占的比例是最大的，可达到家庭总资产的 40%~60%。比如家庭的中长期储蓄，万一未来家庭出现什么变故，这笔储蓄就要拿出来用。比如孩子的教育金，是攒给孩子未来上学用的，不能出现任何意外。这两笔钱存到银行里，或者用来买保险都可以，但千万别拿去买基金或者股票，不要做任何风险投资。

再比如，自己和父母的养老金，也要扛过各种理财骗局和养老骗局，强制储蓄下来。比较好的养老金储蓄方式，就是像社保一样，到了约定的年纪，每月固定领钱。活到老，领到老，有源源不断的现金流。国家设计社保养老金的领取方式时，也是考虑到老年人的现状，所以用现金流的形式发放，而不是一次性发放。

那么作为社保养老金的补充，养老年金的作用就凸显出来。养老年金是年金险的一种，是指以养老保障为主要目的的年金险，是为了预防被保险人因寿命长且没有收入来源而耗尽积蓄。投多少钱，能获得多少收益，都是写进合同的，不存在任何波动。到了合同约定的时间，每月或者每年领一笔钱，活多久，领多久。这稳定且持续的现金流，与社保养老金类似，也是为养老量身定制的。

总而言之，无论谈恋爱还是做投资，都不能"既要、又要、还要"，搞明白自己的核心需求才是第一位的。

搞明白需求后，抓大放小，对症下药，为自己量身定制恋爱方案或者投资方案。

有了具体方案，接下来就考验执行能力了，保持节奏才能游刃有余。

4.2 通过左侧交易和右侧交易，重新认识自己

左侧交易，也叫逆势交易，指股价下跌到一定程度，投资者觉得它足够便宜、可以抄底时开始买入。也就是大家常说的"别人恐惧我贪婪，别人贪婪我恐惧"。

很多投资大佬都是左侧交易的爱好者。当年股神巴菲特买入比亚迪的股票时也是采用这样的策略，股神觉得比亚迪股票价格比较便宜，未来能够涨得很好，就决定买入了。

左侧交易有什么优点呢？

简单地说，就是容易把握交易细节，比较看重对趋势的判断。等行情反转时，获利空间比较大，比较适合有一定资金量、能长期拿住、对趋势有一定判断能力的投资者。

它的缺点是，有可能买不到最低点，"地板价"的下面还可能有"地下室"，抄底容易抄在"半山腰"。或者卖不到最高点，以为股价已经涨得差不多了，选择卖出，但可能卖出时候的股价也只在"半山腰"。

想要通过左侧交易赚钱，具有一定的门槛，特别是以下三点需要注意。

一是投资的资金必须是闲散资金。

也就是在一定时间内，基本不太可能用到的钱，或者是在满足了自己所有的消费需求和经营需求以外的资金。"子弹"一定要充足，如果后面股价继续下跌，就可以继续加仓，摊低持仓的总成本。需要注意的是，借贷资金、养老资金和生活资金都不适合用于左侧交易，也不适合进入股市，不要犯基本的错误。

二是能够忍受浮亏。

虽然股价已经下跌，有一定的安全边际，但这只是一个范围，不是一个很准确的点。一般来说，在买入股票之后股价还会有一段惯性下跌。就算运气好，买在了最低点，但这样的低点绝对不是通过预测得到的，更多是碰到的，所以最好采用逐步建仓的方式买入股票。

左侧交易的操作方法不是看形式，它侧重的是逻辑，关键是股票的价格变得有吸引力了，买到的股票物有所值。

三是要长期持有，轻易不止损。

左侧交易是在股价下跌时买入便宜货，市场的价值规律决定了便宜而不合理的价格不可能长期存在。但需要多久股票才能实现价值回归呢？谁也不知道，所以这很考验投资者的耐心。我们要重点考虑两个因素：一是我们投资的行业经济处于衰退期还是增长期，二是这个增长期或者衰退期有多久。

总的来说，左侧交易最本质的赚钱逻辑就是在股价下跌过程中，分批逐步买入股票，不断拉低投资成本。只要市场越过牛熊转折点，就可以开始获利。下面举一个例子。

在一轮牛市中，某只个股的股价最高涨到20元，之后市场转入熊市，股价开始下跌。这时有左侧投资者看好这只股票的前景，在跌到15元时少量买入，如果股价继续下跌，跌到10元附近补仓。低位买入可以拉低成本价，由于投入资金变多，股价变低，能买到的股票数量明显增多。

如果股价再下跌，达到7.5元左右，那么继续以两倍初始额补仓。如果第一次投入3000元，那么股价跌到7.5元附近时，他的投资是这样的：股价为15元时，持有200股，成本是15元；股价为10元时追加6000元，此时持有800股，成本是11.25元；股价为7.5元时追加6000元，此时持有1600股，成本是9.375元。

如果股价在7.5元时结束了这一轮下跌，市场气氛转好，则在股价出现一定幅度上涨时，卖出部分股票。比如，股价上涨到第一次买入的价格15元时，赚了9000元，收益率为60%；股价涨到

20元时，赚了17000元，收益率为113%，这个过程非常需要耐心和时间。

虽然左侧交易的最终收益非常可观，但是过程比较煎熬。很多金融大佬选择左侧交易，是因为他们擅长判断趋势，看重的是最终收益。

那么怎么判断时机来做左侧交易呢？

第一，分析上市公司基本面。

选择那些基本面良好、业绩稳定并有成长空间，只是暂时不在市场风口的上市公司。这类上市公司早晚会因业绩爆发而被市场关注，从而股价大涨。

第二，通过技术指标判断股价是否进入底部区间。

比如，如果日线级别K线还处于60日均线下方，就有继续下跌的可能性；如果60日均线不向下弯折，开始走平，长达一个月的时间不创新低，就说明空头力量衰竭，这个时候就可以开始找机会建仓。

与左侧交易完全相反的是右侧交易。

右侧交易也叫趋势交易，不需要预测什么时候股价会到顶，也不需要预测股价什么时候会下跌。只需等待市场给出明确的答案，当趋势出现明确信号之后再操作。

右侧交易是做趋势的跟随者而不是预测者,寻找市场中强势的股票。下面举一个例子。

老王花 10 元买入一只股票,当它的价格上涨到 14 元的时候,担心大盘见顶,选择卖出股票。但股价还是继续上涨,老王在股价涨到 17 元时又买回了股票,然后在股价涨到 20 元时又卖出,在股价涨到 22 元时买回。后来,股价开始下跌,到 21 元时老王不舍得卖,到 20 元时老王还不舍得卖,到 19 元、18 元……最后被套。

正确的做法是,买入股票后做一个止损线,比如,只要价格跌到成本价的 90% 就选择卖出。当 22 元重新买回后,止损位是 19.8 元,当股价往回跌到 20 元、时刻准备跌破 19.8 元时,就应选择卖出股票。

也就是说,当股价出现大幅的回调,已经不在之前的趋势中时,我们就要果断选择卖出,落袋为安。具体的止损线该如何设置,可以根据市场情况及个人的风格来定,没有具体的标准。

右侧交易的优点是什么呢?

由于右侧交易是在股价低点之后的上升途中买入的,胜率比较高,适合喜欢做短线交易或者趋势交易的人群。

右侧交易最大的缺点就是,如果操作不好,很容易追涨杀跌,这也是大部分散户亏钱的原因。所以,我们在做右侧交易时,需要注意以下三点。

一是保持足够的仓位。

若想在右侧交易中把握主动、成为胜者,首先要保持足够的仓位。当大盘上行趋势确立,交易机会来临时,应采取加仓策略进行操作,从而获得右侧交易带来的良好收益。

二是守住所持有的股票。

做右侧交易的初期,普通投资者很难察觉出哪些板块和个股将成为强势板块、强势个股。只有等行情运行一段时间,某一阶段的强势板块和强势个股才会浮出水面。所以普通投资者在无法发现强势板块和强势个股的时候,最有效的方法是继续耐心持有股票。

三是尽量博取超额收益。

当上涨趋势得到确认时,就需要用适量的筹码通过短线交易博取超额收益。一方面让持有的筹码在行情上涨的同时做到水涨船高,另一方面在确保筹码不丢的同时增加账户资金,进一步提高右侧交易的操作效果和账户总值。

总的来说,右侧交易的本质逻辑是顺势交易,跟着趋势走,尽量回避不确定的走势,只在明显的涨势中下注。

4.3　避免被情绪主导，仓位管理很重要

在股市里，我们很难做到精准抄底。如果方向做反，该卖的时候追涨，该买的时候"割肉"，那就更惨了。

就像谈恋爱一样，如果总是思维混乱，原则问题上一再妥协让步，鸡毛蒜皮的事反而锱铢必较，就很难经营好亲密关系。

比如，对方是否真的尊重你和你的家人，你们的金钱观和价值观是否契合，这些原则问题是不能糊弄过去的，尊重和理解是一段感情健康发展的基础。

相反，情人节时对方送我的礼物显然不够用心，我情绪低落时对方没有及时安抚我，这些相处中的细节不用太放在心上。每个人都是思维独立的个体，直接表达诉求比让对方猜更有效率。

炒股和谈恋爱一样，如果总是被情绪主导，纠结次要矛盾而忽视主要矛盾，就很容易陷入情绪的内耗中，做出不利于事情发展的决定。面对市场波动，我们该如何操作才能避免被情绪主导，是每位投资者都需要认真思考的事。不管你是通过基金参与 A 股，还是直接投资股票，遇到的问题都一样。

应对市场波动的方式有很多，其中有一种比较简单的操作，叫**仓位管理**。简单地说，就是用买卖策略控制情绪，通过调整账户的投资金额来平抑市场的波动风险。

现在问题来了，仓位管理中的仓位是什么意思呢？

我们在投资基金或者购买股票时，经常听到"空仓踏空、满仓套牢、半仓上车"的说法。简单地说，仓位就是指你实际投资的钱占你全部能够用来投资的总钱数的比例。

如果你手中有 10 万元，想要用来买基金，那么当你第一次买入部分基金的时候，这个过程叫作**建仓**；如果你买了 5 万元的基金，那么你的仓位就是 50%，我们一般称其为"半仓"或者"5 成仓位"。

如果你看好市场，继续用手中的钱买入基金，这就叫**加仓**；如果你觉得基金可能要跌，卖出一部分基金，这就叫**减仓**；如果把 10 万元全部投资进去，这就叫**满仓**。

针对不同的仓位比例，主要有轻仓、重仓、满仓、空仓等叫法。如果针对不同的市场表现，对自己的仓位状态进行调整，主要有建仓、加仓、减仓、调仓等叫法。

那什么又是仓位管理呢？

以买基金为例，我们应该买多少钱，什么时候可以加仓，什么时候需要减仓。用一定的策略来安排账户资金的买入卖出数量，这就是**仓位管理**。

投资者就像坐镇中军的主帅，资金就是我们的兵力。盈利相当于俘虏了敌方的士兵，而亏损就相当于自己的士兵被敌方俘虏了。正所谓"不打无准备之仗"，我们在进行投资之前要进行风险评估，比如评估这次出击胜率有几成，盈亏比有多大。在完成充分评估后，根据评估结果合理制定投入的兵力。

也就是说，仓位管理是投资中非常重要的问题。合理地控制好仓位，可以让我们在行情好的时候获得较为理想的收益，在行情差的时候不至于亏损太多。下面举一个例子。

遇到市场大跌，两位投资者的可投资金都是10000元，基民A满仓买入某基金，基民B以5000元资金买入该基金。若买入的基金下跌10%，则前者亏损1000元，后者亏损500元。后者的亏损感受会好一些，也更能忍受浮亏，并且保有资金可在低位加仓从而拉低成本。

显然只要仓位控制得好，在遇到市场下跌时亏损的幅度会比较小，但是新手往往无法认识到仓位管理的重要性。比如投资基金时，大部分人都是满仓进、满仓出，没有对资金进行过合理规划，结果往往会导致空仓踏空或者满仓套牢，甚至满仓踏空。

任何人都无法预知市场明天的涨跌,即使对行情把握得再好,也难免会遇到突发的"黑天鹅"事件。所以我们几乎不可能做到买在最低点、卖在最高点,也并不能保证每笔投资都是赚钱的。比较好的方法是在盈利概率较大的地方买入多点,在盈利概率较小的地方买入少点。

投资就是做大概率正确的事儿,并且永远给自己留退路。

在同样的行情下,仓位不同,持有体验也会不一样。时时刻刻都满仓的人,会整天提心吊胆,害怕市场会突然调整,让自己前期的收获打水漂。一旦心态失衡,就很容易因为市场的风吹草动做出错误选择。

如果我们做好仓位管理,就不用担心市场的正常调整,只需注意大的趋势即可。持有信心有一部分也来自未投入的资金,在资金充足的情况下,就不会害怕短期的涨跌。

总的来说,仓位管理就是根据自己对市场的判断,通过合理安排增加或者减少实际投资的资金。在控制风险的同时,尽量让自己的投资收益最大化。

我们拿基金来说,最简单的一种仓位管理形式就是基金定投。对于个股投资,比较好的仓位管理办法是长线和短线结合起来做。

比较擅长长线投资的人是巴菲特,巴菲特做价值投资,一般持有一只个股少则三五年,多则几十年。而做短线投资比较厉害的人是美国股票投资家杰西·劳伦斯顿·利弗莫尔,他比较擅长做龙头,抓住一波上涨行情后立刻离开。

那么,做长线和短线的优势是什么呢?

长线投资看重的是估值和未来。主要是在个股的基本面上下功夫,重点看估值和未来前景。因此大多数时候会感觉比较轻松,持有即可,不用操作太多。

短线投资很少研究基本面,更多的是通过技术分析来判断是否买入个股,这种方式就不那么轻松了,要实时盯盘。特别是对大盘和热点的把握要精准,严格按照规则操作,及时做好止盈和止损。

如果我们选中某只个股,从准备买这只个股的资金里拿出4~6成做长线,拿出2~4成做短线,这样既能控制好买这只个股的仓位,也能提高赚钱的效率。

那么问题来了,什么样的个股适合长线和短线结合起来做呢?

我们可以从两个方面来分析。

一是个股的活跃度。

我们可以看个股的涨跌幅是否足够大,比如能够拉出3%或5%以上的大阳线,甚至出现涨停。此外,对趋势股来说,大多数时候单日涨幅相对不大,但可以从日成交额的角度看,比如,每天的日成交额能达到5亿元甚至10亿元以上。

二是股价的走势规律。

有些股票虽然活跃，但毫无规律可循，这种股票让人很难判断其未来走势。至于哪些股票有哪些规律，因每个人的视角不同，故所看出来的规律也不同。换句话说，就是能更好地找到个股的相对低点和相对高点。在个股的相对低点买入，在相对高点卖出，这样，一次短线操作就做成了。

事实上，短线操作的最大难点就是，如何找到一个相对低点买入和相对高点卖出。比较常用的策略是利用技术分析（比如波浪理论）进行判断。

对于技术分析来说，波浪理论是应用较为广泛的一种技术分析工具，它是美国人T.S.艾略特对美国的道琼斯工业平均指数进行多年研究后创立的。波浪理论把一个价格的波动周期，从牛市到熊市分解为5个上升波浪与3个下降波浪，共计8个波浪，我们将其简称为8浪，如图4-1所示。

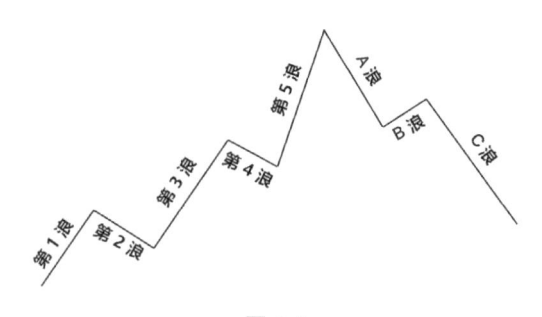

图 4-1

第 4 章 恋爱时全身心投入，分手时不拖泥带水

每一个上升的波浪被称为推动浪，如图 4-1 中的第 1、3、5 浪。每一个下跌的波浪，均是前面一个上升波浪的调整浪，如图 4-1 中的第 2、4 浪。第 2 浪为第 1 浪的调整浪，第 4 浪则为第 3 浪的调整浪。

对一个大周期来说，第 1 浪至第 5 浪是一个大推动浪，A、B、C 三浪则为调整浪，下面我们来做具体的分析。

第 1 浪是一轮行情的起点。

该浪出现时，一般市场上大多数投资者因受前期低迷行情的影响，不会觉得上升波段已开始，因此这属于修筑底部形态的部分。由于第 1 浪出现在长期低迷行情之后，买方力量不强，加上继续存在的空头卖压的情况，所以接下来会有第 2 浪的调整，通常回调幅度比较大。

第 2 浪是第 1 浪的调整浪。

第 1 浪的上升往往被市场认为是一次反弹，反弹之后仍然要跌。因此第 1 浪上升后，解套盘和短线获利盘大多会快速卖出，但第 2 浪不会跌破第 1 浪的最低点。

此外，随着行情持续下跌，市场开始出现惜售心理，成交量逐渐萎缩，抛盘压力持续降低。直到成交量无法再萎缩时，第 2 浪的调整才会宣告结束。

第 3 浪是上升浪中最具爆发力的波浪。

这个阶段投资者信心恢复，成交量大增，在图形上常会以跳空缺口的方式向上突破。而且往往上升空间和幅度非常大，并经常会出现一涨再涨的情况，其运行时间通常是 8 浪周期中最长的一浪。

第 4 浪是第 3 浪的调整浪。

它通常以较复杂的形态出现，第 4 浪的幅度往往接近第 2 浪的幅度，此浪的最低点一般高于第 1 浪的顶点。

第 5 浪是上升 5 浪中的第 3 个推动浪。

第 5 浪的上涨动能占优势，股价大概率能再创新高，但强度往往不如第 3 浪。这是因为市场的高位上涨，给早期入场的庄家制造了出货时机，他们在第 5 浪中会持续减仓，造成下跌动能的持续增加。成交量在第 5 浪中也会有所放大，但一般不如第 3 浪。

在这个阶段，大量先前没有入场的普通投资者，在财富效应的驱使下纷纷入场，最终成为高位"接盘侠"。

从图 4-1 中可以看到，A 浪是股市转势的第 1 个下跌浪。A 浪的调整是紧随着第 5 浪而产生的，这个阶段大多数投资者认为行情尚未结束，把它看作上升途中的一次"倒车接人"。

实际上，该波浪的出现表明股价的上升趋势已经结束，进入调整期。A 浪的调整形态常以平坦形态或"之"字形态出现。

B 浪是下跌 3 浪中的反弹浪。B 浪上升本应该是多头的"逃命"机会，但市场上大多数投资者依然主观地认为，这是新一轮的上升行情，以为调整已经结束，开始大胆跟进。

这个阶段的反弹高度一般低于第 5 浪，但少数情况下有可能接近甚至超过第 5 浪高点，图形上常会形成一个双头，即 M 头。

C 浪是下跌行情中的最后一浪。

在这个阶段，普通投资者明白上升行情结束了，对上涨不再抱有幻想，就纷纷"割肉"离场，股价持续下跌。但当股价跌到跌无可跌的时候，新的一轮行情又开始酝酿，此后股价将会再次开启一个新的循环周期。

比如贵州茅台，从 2016 年的熊市到 2022 年 11 月这段时间，基本走出了一个完整的 8 浪，如图 4-2 所示。

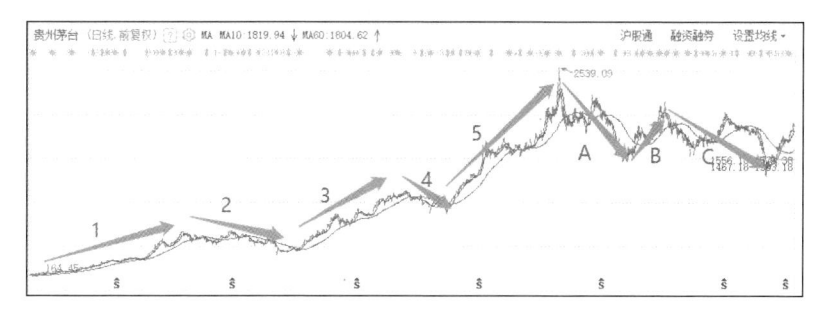

图 4-2

当然，由于市场的波动较大，对于每只个股，它们的一轮上涨和下跌周期，不可能完全按照这个节奏来，但大概的框架是可以套用的。明白了这个理论，我们就可以拿它做短线操作了。

比如，在一波行情的上涨阶段，参与它的第 1、3、5 推动浪，在第 2、4 调整浪出现的时候离场。在下跌阶段，参与它的 B 浪反弹，规避 A、C 浪的杀跌。

不过这里说的是理想状态下的操作，在实际操作中，需要根据自己对个股的理解来调整。在自己擅长的阶段做短线就可以，不一定要参与每一个阶段。

4.4 相信"渣男"会变好，投机主义很要命

投资是一项说起来容易但做起来困难的事，说它容易，是因为它有自己的逻辑框架和内在的运行规律。只要我们抓住这些，赚钱就会比较轻松；说它很难，是因为我们的行为既受理性控制，也受情绪支配。

作为投资者，我们既贪婪又胆怯，所以常常会陷入一些心理误区，很难做出相对合理的决策，导致我们最后的投资情况并不理想。

比如，很多人炒股时因为"相信渣男会变好"而舍不得"割肉"，最后短线改中线，中线变长线，越亏越多。这是由于，短线投资的这些人在买入股票的时候，往往抱着一种强烈的投机目的。他们是看股票走势不错，或者听到了相关的利好消息才买入的，本来就是做短线投机的。但是出现股价下跌的走势后，到达应该止损卖出的价格时，又舍不得"割肉"，开始说服自己继续持有。

一旦被动做出把短线投机改成长期投资的决定，犯错的概率就会增加。因为这些人在买入的时候，往往没有经过深思熟虑和反复推敲，这样的分析过程增加了犯错误的可能性。

短线投资者在股票建仓后遇到股价下跌，说明市场这只看不见

的"手"在告诉他们买入分析错误。如果这个时候投资者再做出长期被动持股投资的决定，试图以此安慰自己做出错误投资决策的心理，将导致一错再错，满盘皆输。

今天我们就来盘点一下炒股时经常出现的心理误区，大家可以用来避雷。

一是有心理账户。

心理账户指的是人们喜欢在心里把钱分成不同部分，比如买房的钱和买菜的钱。

假设你花整整三天时间熬夜写了篇文章并发表，获得了 500 元稿费，你会用这个钱买彩票试手气吗？估计是不会的，这钱挣得太辛苦，不能随便浪费了。

但如果你捡到 500 元呢？可能就会去买彩票了，毕竟白捡的钱花起来不心疼。如果这样，就说明你有心理账户了，因为你把这两笔钱记在不同的心理账户里。

投资上最常见的心理账户，是把钱分为本钱和赚来的钱，并对这两部分钱体现出不同的风险偏好。下面举一个例子。

小张购买了股票 A 和 B，经过一段时间后，股票 A 产生收益 3 万元，股票 B 产生亏损 8 万元。这时，小张刚好需要用钱，需要卖掉股票，单独卖掉股票 A 或者股票 B 的资金都足够满足小张的资金需求。

第4章 恋爱时全身心投入，分手时不拖泥带水

经过一番心理计算后，小张决定卖掉股票A，而保留亏损的股票B。因为这样让他感觉更好，股票A产生收益是一次成功的交易，卖掉股票A有愉快的成就感。而如果卖掉股票B，则会让小张感到痛苦，因为心里有失败感。

原因就是，投资者分别为股票A和股票B建立了不同的心理账户。由于账户A有收益，所以卖掉股票A有成就感。由于账户B有亏损，所以卖掉股票B就会从账面亏损转变为实际亏损，从而产生失败感。而如果保留股票B，也许还有机会由亏转赢。

在股票投资中，普通人往往倾向于赚了10%~15%就卖出股票，因为卖出赚钱的股票是一种令他们愉悦的事。但是如果亏了钱，散户亏10%、亏15%是不肯卖出的。因为卖出亏损的股票是很痛苦的事，往往最后亏损30%甚至50%以上，才肯承认失败继而"割肉"。

这种小赚大亏的操作模式，很大程度上就是心理账户对股票投资产生的影响。比如，常有人这样提问："我买了某只股票，成本是××元，请问应如何操作呢？"提问者潜意识中已把买入成本当作买卖决策的依据了。

实际上，是否应该卖出股票取决于很多因素，比如股票的估值情况、公司的商业模式、市场大环境等。这些都与买入成本无关，因为买入成本根本不影响股价的未来走势。

二是有赌博心理。

如果把所有的钱用来投资,希望大赚一笔,不能坚持"投资中用闲钱投资"的原则,这就属于赌博。

大家有没有思考过,当你把所有的钱用来投资时,万一有一天股市暴跌,你受得了吗?股市暴跌一方面考验我们的财力,另一方面更考验我们的心理压力,所以绝对不能把所有钱都拿来投资。我们在投资前要先进行风险能力测试,明确自己的底线在哪里,做好备用资金和投资资金的合理分配,通过记账等方式来梳理自己的消费与结余资金情况。

那么该怎么记账呢?

首先,要善用手机上的记账 App,例如 Timi、随手记等。然后,把记账的分类做好。比如,把银行卡分为消费账户、储蓄账户、投资账户等。支出可以再分为日常开支和意外开支等。这样,我们就可以清晰地查看各项支出和自己的资产情况了。连续记录几个月的收入和支出,你就能清晰地了解自己的消费去向,判断自己真实的生活费用及剩余资金量,从而计算出可投资资金。

记住,只用自己的闲散资金来投资,不可抱着赌博的心理在风险的边缘试探。

三是有投机心理。

有这种心理的人,主要是想准确抓住市场的低点和高点,通过短期低买高卖快速获取收益。那么问题来了,你觉得股市真的可以预测吗?

如果有人能看出明天某只个股的走势,不需要多,只要每天看对 2%,那么哪怕只有 10 万元本金,三年之后他将拥有 2800 多亿元,能上福布斯富豪榜。

大家扪心自问,如果真有这样的秘诀,别人会愿意告诉你吗?肯定是自己默默地赚钱了。

在股市中"吃肉"没赶上,"挨打"一次没落下的投资者不在少数。哪怕学了有用的策略,还是受不了别人赚钱的刺激而盲目预测市场,结果可想而知。

股市变幻莫测,永远不要尝试着去预测,而是要提前做好适合自己的投资策略,否则会亏得很惨。投资必须严格遵守一个原则,那就是用闲钱投资。综合考虑自己的经济压力和心理压力,坚守适合自己的投资策略,让时间与我们为伍,享受复利带来的威力。

四是有喜涨厌跌心理。

这也叫贪婪、趋利避祸的心理,是人性上的问题。

波动是股市的长期性表现,涨跌是常态,不管牛熊我们都应该坦然接受。可惜的是,大多数人一边喜欢着股市的上涨,一边却忍受不了股市的大跌。这种心理就像在机场看着天上飞的飞机时,感觉心潮澎湃，恨不得马上就上天翱翔。等到真的坐到飞机上时，又紧张得要命，想着"万一掉下去可怎么办？"遇到气流颠簸时，更是吓得半条命都没了。

如果定投基金，股市上涨可以让我们在眼下赚得更多，下跌却能让我们买得更便宜，拉低基金的持有成本，让我们未来赚得更多。因此，我们要正确认识喜涨厌跌的心理，做一个大智若愚的投资者，理性对待股市的波动。也就是认识到涨跌对我们来说都是有利的，在上涨的时候我们赚取眼前的利益，在下跌的时候抓住入场的好机会，这才是一个投资者最高的境界。

五是有不知足心理。

有不少投资者根据策略卖出股票后发现股价还在上涨，把没赚到的那部分钱当作自己的损失，非常不开心。究其原因，还是没有做好心理预期管理。

没人能预测股市，没有赚到的钱就是在自己能力范围之外的钱，不要惦记了。毕竟市场上的钱是赚不完的，但是自己的投资资金亏得完。因此，坚守自己的能力圈，做好适合自己的投资策略，再买股票或者基金，赚自己能赚到的钱才是王道。

六是羊群效应，盲目从众。

简单地说，就是面对未知的事情容易掉入盲目从众的陷阱。单个投资者总是根据其他同类投资者的行动而行动，在他人买入时买入，在他人卖出时卖出。

在股市行情好，投资股票积极性大增的情况下，能量迅速积聚，投资者非常容易形成趋同性的羊群效应。也就是追涨时信心百倍，蜂拥而至，很容易套在"山岗"上。一旦股市开始大跌，恐慌心理也开始发生连锁反应，大家纷纷恐慌，卖出跑路，很容易将股票卖在低价位上。

因此，股市的盲从心理会使投资者错失良机，遭受损失。现实中经常出现庄家操纵股市，利用的正是投资者的这种心理，盲目跟进跑出，最后吃亏上当。如果投资者对流言不加任何分析地一概接受并且行动，那就极可能陷入某些庄家的圈套而不能自拔。

盲从心理主要是一些投资者对股市不做客观的分析，仅凭感觉盲目地决定，这种盲从心理是基于投资心理作用的。即行情好时更加乐观，市场里人潮汹涌，大家争先恐后地买进，成交额相当大，导致供不应求，促使股价进一步上涨。

股价的进一步上涨又诱导人们继续购买，使供求关系更加紧张，股价不断上涨。如此不断循环，使过热的股市更热。反之也如此，当股价一跌时，人们唯恐价格进一步下跌，纷纷脱手，导致供大于求，股价更加下跌。人们卖出越多，价格跌势越强，从而使过冷的股市更冷。

因此，我们要深刻理解供需对股价的影响，要明白股市的真供给、真需求与假供给、假需求。

一般来说，现货卖、现钱买的交易叫真供给，现钱买、现货卖的交易叫真需求。没有真正卖出的意思，却装作卖出的样子，目的是压低行情后回补，这叫**假供给**。没有真正买进的意思，只是装作要买进的样子，目的是在抬高行情后卖出，这叫**假需求**。

由于股市非常敏感，波动幅度剧烈，有些参与投资的人并非真正有意购买股票。也有些参与投资的人，并非真正有意卖掉手中的股票，却在市场里进进出出，想赚取差价。

不过假供需只能短期内存在，因为需求既然有假，买进后就不会持有它。供给既然有假，卖出后势必需要回补。对于股价由假供需所造成的不正常波动，投资者不必太重视。天下事总是负负得正的，现在的不利因素将来可能会成为有利因素。

像一些无实际业务的股票，只是靠大量买进把它炒高，总有一天会由于缺少真正有效的需求而下跌。相反，一些业绩优良、效益不错的股票，即使无人光顾，其价格也不至于低得不合情理。

因此，我们更需要研究股票背后的上市公司，只要上市公司的基本面优秀，股价早晚会上涨，而不应只盯着供需关系做判断。

4.5 结束爱情长跑不可怕，可怕的是自我怀疑

写到这一节的时候，我陪朋友婉婉在深圳听了一场蔡依林的演唱会，演唱会唱到《柠檬草的味道》："曾以为你是全世界，但那天已经好遥远，绕一圈才发现我有更远的地平线。"

婉婉在现场听到这句歌词的时候，突然泪如雨下，我握紧她的手，低声说："都过去了，现在的你很棒。"

婉婉跟她的名字一样，温婉善良，在南方长大的她就像一朵在风中摇曳的海棠，看上去娇弱，但骨子里坚韧。

我知道婉婉和她的未婚夫结束 8 年恋爱长跑并分手的时候，是在一个小型朋友聚会上，我们几个女生刚喝完酒，正是微醺的状态，吹着晚风有一搭没一搭地聊着天。

当时我和婉婉只是普通朋友，在我的印象中，她一直是一个柔柔弱弱的苏州女生，和我这种风风火火的湖北女生显然是不一样的。所以，当她平静地说出"我和老赵在一起 8 年，太清楚彼此灵魂的形状，确实没有那么契合啦。但是我们两个人都胆小，谁都不

愿意先开口做恶人,所以拖到现在。最后还是我勇敢了一次,我很好,他也很好,可惜我们不合适……"时,我确实有点震惊,这个女生也太"飒"了。

这次聚会之后,我和婉婉渐渐熟络了起来,婉婉说,她刚和老赵分手时真的很难过,也一度想过"婚姻也许不需要那么契合,两个人在一起这么久了,就这么结婚,日子也能过下去",甚至怀疑自己是不是过于理想主义,对婚姻生活抱有太多不切实际的幻想。

但是当她回忆起分手前两个人因为要不要定居广州来回拉扯,因为怀孕期间要不要把老赵的狗放朋友那里寄养反复争执,甚至因为周末该去户外出汗还是宅家放松都能冷战不下 3 次时,又想如果真结婚了,婚后生活一开始就要硬着头皮妥协吗?

婉婉甚至有些后悔胆小了这么久,一直拖到该结婚的年纪才正视这些问题。这些问题一开始就存在,只是之前两人刻意回避了,以为等到快结婚的时候就会有一个人妥协,没想到最后谁也不愿意妥协。

结束爱情长跑不可怕,相比因为胆怯不敢及时止损,更可怕的是下定决心止损后,陷入无尽的自我怀疑中。

就像我们买基金或者买个股,如果被套,是否要果断"割肉"离场,减少损失呢?如果决定"割肉"离场,那么由于亏损陷入精神内耗怎么办？

实际上，对于是否"割肉"离场没有统一答案，我们要根据实际情况来做具体分析。

对于基金，我们知道一般的投资原则是止盈不止损。也就是基金跌多了可以分批买入，通过多次低价买入，摊低基金整体仓位的成本，但这并不意味着我们在任何情况下都不需要卖出。

那么问题来了，当手里的基金被套时，我们需要在什么时候选择"割肉"离场呢？

具体来说，可以分为两种情况。

第一，看持有基金的基金经理是否发生变更。

如果基金经理换人了，那么就可以考虑暂时"割肉"离场。如果这个时候你的基金已经有了部分收益，那就更好了，卖基金时没有心理负担。

特别是对于主动型基金和混合基金，基金经理是执行基金策略的关键。如果该基金的管理人出现调整，那么新上任的基金经理可能会改变该基金的投资策略。即便不改变投资策略，在具体执行的时候，也可能达不到之前的基金经理那样的投资水平。

那么未来你买的基金，是否还能像它的历史表现那样优秀，就不好说了。这个时候你就可以卖出基金,"割肉"离场,规避风险,然后重新选择其他比较合适的基金。

对指数基金来说,基金经理的变动对基金收益的影响相对较小,毕竟基金的投资方式是跟踪指数的持仓情况,而指数的编制策略是固定不变的。因此,对于这类基金,再根据基金管理人的情况进行操作就不合适了。这时候我们需要从另一个角度分析,就是该基金是否具有长期持有价值。

第二,看基金是否具有长期持有价值。

如果你发现你买的基金已经不具备长期持有价值,那么就可以考虑"割肉"离场,重新挑选其他投资产品。

对大部分普通投资者来说,比较喜欢买的是窄基指数基金,比如顺周期行业的指数基金,或者短期热门主题基金。对于这些类型的指数基金,我们需要根据市场的变化随时调整基金的仓位。

其中**窄基指数基金**,就是针对某一行业、某一领域专门推出的指数基金,比如环保指数基金、地产指数基金、有色指数基金等。这些类型的指数基金,往往会跟随市场上涨一阵子。在这期间你购买的话,可以跟风赚钱,过了风口,就需要赶快卖掉。

比如券商指数基金,该行业指数基金往往只在牛市行情初期有一波猛烈的上涨行情,过了这个阶段,券商指数就会持续杀跌,甚至在整个熊市周期中都在下跌，跌得让你怀疑人生。

如果你是提前"埋伏"进去的，那么趁着整个板块涨得比较多的时候，就可以考虑分批卖出了。如果你是追高买入的，那么就要考虑是否"割肉"的问题。

对于这类行业指数基金来说，可以通过两个相对简单的方式判断是否需要"割肉"。

一是通过日线级别的均线来分析，如果指数日K线持续站上10日均线，就可以考虑持有。如果跌破，就需要"割肉"离场。

二是通过行业的估值来分析，如果整个行业指数的估值处于历史上的较低位置，那么可以继续持有。如果估值处于历史上的较高位置，那么就可以考虑离场。

以上是我们需要考虑"割肉"的情况，但如果你持有的基金是宽基指数基金，或者逆周期行业的基金，那么原则上是可以长期持有的，这类基金适合越跌越买，基本不需要"割肉"。

宽基指数，比如沪深300指数、上证50指数、中证500指数等，它们的长期走势是震荡向上的，相关的指数基金基本上不用担心会有清盘的风险，也不用担心基金经理的投资策略变化带来的风险。

如果你长期持有这类基金，那么大概率会有不错的收益。但如果你是追高进去的，短期也会有被套的可能。这时候最好的操作方式是等指数大跌的时候分批买入，摊低成本，而不是"割肉"。

逆周期行业基金也是如此，要想知道什么是逆周期行业，就要明白什么是周期。

经济周期大都是在繁荣、衰退、萧条和复苏四个阶段循环转化的。对于一个行业来说，如果经济环境好则景气度高，如果经济环境差则景气度低，那么这种行业就是**顺周期行业**。如果经济环境差或者经济环境好，对该行业的影响不大，那么这种行业就是**逆周期行业**。

常见的顺周期行业有银行、有色、化工等，这些行业与我们的经济发展密切相关。比如银行，在经济好的时候，更多的人愿意去贷款赚钱。由于经济好，赚钱容易，还款也会比较及时，银行坏账比较少，业绩就会很出色。

在经济不景气的时候，行业景气度反而高的行业，就是逆周期行业。这些行业往往在经济不好的时候可以不受损，甚至取得逆增长。比如消费行业，这类行业基金即便短期可能会有下跌，但只要拿得住，早晚会重新涨起来，毕竟消费在任何时候都是刚需。

总的来看，基金由于每天波动的幅度相对较小，需要我们"割肉"的频率并不高。大部分时候，只要你持有的基金比较优秀，短期被套后，熬一熬大都可以回本。

但对于股票，"割肉"这种操作会是一件常见的事，为什么这样说呢？

对于个股的买卖，首先要有自己的交易体系，知道买某只个股的逻辑是什么，以及止盈价格的区间在哪里，止损价格的区间在哪里。然后寻找大概率能赚钱，并且能赚得更多的个股，只有这样不断地尝试，才能长期稳定获得不错的收益。

在这个过程中，我们最常遇到的情况是买的个股并没有达到我们的预期，甚至买入后出现一定程度的浮亏，达到我们需要"割肉"的条件。那么这个时候，我们需要做的是果断"割肉"，而不是患得患失，想要再熬一熬，幻想市场给自己解套的机会。

换句话说，买个股需要养成严格遵守交易纪律的习惯。而对于我们普通投资者来说，在需要遵守的诸多交易习惯中，最难做到的是在个股走势不及预期时果断"割肉"。

对股市老司机来说，买卖个股出现连续亏损的情况是很正常的。股市短期的走势变幻无常，买入的个股走势一旦不符合买入前的预期就"割肉"离场，重新选择符合买入要求的股票。

这样的操作就跟中午饿了要吃饭、晚上困了要休息一样正常。

没有必要因为"割肉"而反应激烈，也不需要气馁，这个时候果断"割肉"是及时控制损失的最好方式。

那么问题来了，怎么判断个股该不该"割肉"呢？我们可以从以下四个方面来判断。

第一，基本面。

基本面出现严重问题的个股，应该及时"割肉"，不能抱有侥幸心理。比如，公司净利润大幅减少，出现商誉减值、业绩亏损或者营收大幅降低等情况。这往往意味着公司在经营层面可能出现了问题，需要及时止损离场。

此外，基本面不仅是指业绩层面，还包括股票大规模的解禁，大股东的频繁减持，以及大规模的股票质押等情况。出现这类情况，往往也意味着公司可能存在不为大众所知的"猫腻"，需要先离场，规避风险。

一般来说，公司基本面的好坏决定了个股本身会不会被大资金青睐。一个基本面有严重瑕疵的公司，大资金投资者往往是不太会深入参与的，那么这类个股的股价就会长时间表现平淡，甚至会持续阴跌。

因此，遇到这种情况时，我们应该第一时间"割肉"离场，盲目等待的结果往往会导致更大的亏损。

第二，资金面。

如果一只个股短期内持续地疯狂上涨，就意味着有资金在背后炒作，那么资金撤退后，股价可能短期还会维持在高位。你一旦这个时候追涨进去，股价大概率会高位震荡，却怎么也涨不动，这可能就是被套住了，应该立刻止损。

也许很多人会说："这个股票业绩很好，震荡一段时间就会再次上涨。"如果业绩只是上涨20%，而股价已经涨了两倍，那么这种业绩的"好"是没有太大意义的。

个股的短期上涨主要是靠资金驱动的，并不是靠基本面驱动的，基本面只是在资金买入时需要考虑的一个方面。投资者选择买入某只个股，可能是因为它是最近市场普遍看好的题材股，也可能是因为它是热点股，还有可能是因为估值低，想炒作估值修复预期，等等。

那么在个股股价大幅上涨后，如果个股遭到资金抛弃，就需要及时止损。直到股价下跌恢复到合理区间后，才能考虑下一波的投资。

第三，市场情绪。

市场情绪的变化是有规律的，大致可以分为冰点、升温、加速、高潮、退潮5个阶段，这5个阶段就是一个**情绪周期**。一个老周期的结束到一个新周期的降临,新老周期的衔接时间长短与背后的市场环境有关,市场情绪的背后是资金的进出。

当市场情绪处于冰点时,短线资金大部分都在场外,市场跌不动了,资金就会找机会尝试抄底入场,市场将逐渐扭转局势。

当市场出现上涨迹象时,会吸引更多资金进场,但同时有部分资金还在犹豫中,这个时候局势还不是很明朗。随着市场继续上涨,底部已经确认,就会吸引更多资金跟进,市场逐渐升温。

当市场行情明显上涨时,一直犹豫而踏空的人就会加速入场,直到大家的"子弹"都打完了,市场情绪进入高潮。

当市场中投资者的情绪达到高潮时,短线资金大部分都已经在场内,由于市场没有增量资金,所以市场内只有存量资金的相互博弈。这时候就会有人想要获利卖出,当卖出的投资者越来越多的时候,势必会引导短期资金退潮,情绪也会相应地转冷。

随后市场加速下跌,直至恐慌情绪宣泄完毕,资金大都"跑"到了场外,市场情绪就回到了冰点。这样就完成了一个情绪周期。

如果你是在市场情绪高潮时买入的,在你买入后个股股价基本涨不动了,出现高位震荡,那么你就应该"割肉"离场。一旦市场情绪转冷,股价快速杀跌,就会亏得更多。

第四，技术面。

我们可以通过技术分析方法，观察股票价格和交易量的走势，以及可能的支撑位和压力位，来辅助判断个股走势是否变坏。一旦个股走势可能变坏，就要及时"割肉"，规避风险。

比较常用的技术分析指标，主要有三类。

第一类是 K 线形态。K 线俗称蜡烛图，是股票涨跌最直观的表达方式。

第二类是均线系统。均线本质上是持仓者的平均成本，它往往可以较好地反映股价的支撑位和压力位。

第三类是技术辅助指标。它有很多不同的种类，比较常用的是 MACD、KDJ、BOLL 等。

我们可以通过这些技术指标大致判断个股的未来趋势，一旦未来趋势有走坏的可能，就需要果断"割肉"离场。

当然，通过技术指标并不能完全准确地判断每次的走势，但只要存在大概率走坏的可能，我们就值得先离场观望，等后续风险解除时再重新买入。

总的来说，可以通过以上四个方面来判断个股是否需要"割肉"，但具体该怎么操作没有固定的标准，需要结合自己的情况来判断。

如果你喜欢做短线，则可以选择用情绪周期，在情绪高潮时卖出，在情绪冰点时买入；也可以选择用均线技术指标，当 K 线在 10 日均线以上时买入，跌破 10 日均线以下时卖出。

如果你喜欢做中长线，则需要用基本面来筛选股票，当然也可以同时参考其他几方面信息，比如流动性、市场情绪、筹码结构等。

需要注意的是，基本面大多数时候是滞后于资金面及情绪周期的，因此损失的概率可能会大一些。但好处是通过基本面维度判断个股，可以避免长期持有"垃圾股"，不会被"垃圾股"深套。

第 5 章
当爱情转化为亲情时，
有个门槛叫安全感

我们不会害怕与父母闹翻，因为知道亲情不会被损耗。

当爱情转化为亲情时，有种安全感是永远不担心对方离去。

- 5.1 有安全感才能游刃有余，恋爱和理财都是
- 5.2 除了打新，新债还能通过抢权配售买
- 5.3 风浪大也不怕，用策略组合守护安全感
- 5.4 嫌弃股票风险高，债券默默守护你
- 5.5 经济寒冬期，提前了解这些更安心

5.1 有安全感才能游刃有余，恋爱和理财都是

我年轻的时候特别容易爱上浪子，沉迷在又美又痛的恋爱关系中，整天患得患失。

我曾经遇到过一位放荡不羁爱自由的前任，当时他还在读研究生，业余时间和大学同学组了一个摇滚乐队，担任吉他手兼主唱。他会在音乐节的舞台上深情演唱，朝着人群中我的方向告白，给我最热烈的情感回应。但他也会因为帮其他女生录歌，记错我们的约会时间，事后认为我的"醋意"是源于不信任他。

他给我了足够多的浪漫和惊喜，却给不了我在乎的偏爱和安心。我们时常会因为他对感情的不坚定而争吵，而每次争吵时我就像一个刺猬，缩成一团，不让他靠近。

我提分手那天，他来我家楼下等我，我们去了小区附近的咖啡店聊天，这也是我们最后一次见面。

当我在咖啡店听到杨千嬅唱"原来安心才能开心，谁还管笑容可吸引"时，眼眶一下子就红了。我发现自己已经很久没放松下来，

也很久没有肆无忌惮地大笑过。

有安全感才能游刃有余，在恋爱和理财中都是如此。

在理财中由于可转债具有"上不封顶，下有保底"的投资属性，拥有债权性、股权性，在追求收益的同时也能给人一定的安全感。

债权性，可转债的本质是债券，因此可转债具备债券的低风险性。可转债本身属于公司的负债，因此它与公司的利益关联度较高。

股权性，可转债相当于股票的看涨期权，一般在上市半年后可以转换为公司股票，因此可转债又具备股票的长期增长性。

那么问题来了，上市公司为什么要当"活雷锋"，给投资人这么好的福利呢？

实际上，发行可转债不仅能让投资人赚钱，而且对上市公司来说这也是有益的事，可以说是双赢。对上市公司来说，主要有以下两点好处。

第一，可以低成本募集资金，简单地说就是可以借到更"便宜"的钱。

上市公司发行可转债，本质上是为了募集资金扩大公司的业务。要想实现这个目标，就需要大量的资金作为后盾。那么，钱从哪里来呢？

企业最常用的一个方法是找银行借。但是找银行借钱需要审核一大堆资料，银行还要"挑三拣四"，企业要满足很多条件才能借到钱。即便企业借到钱，利息通常也不便宜。所以上市公司就想通过其他低成本的渠道借钱，特别是优质的上市公司，它们满足可转债融资的条件后，很愿意通过每年发行可转债，支付很低的利息，来获得发展企业的资金。

如图 5-1 所示，这是新希望集团发行的希望转债，它的利息第一年是 0.2%，第二年是 0.4%，第三年是 0.8%，第四年是 1.2%，第五年是 1.6%，第六年是 2%，利息很低。如果上市公司通过发行普通债券借钱，那么每年付的利息就要比这些高得多。

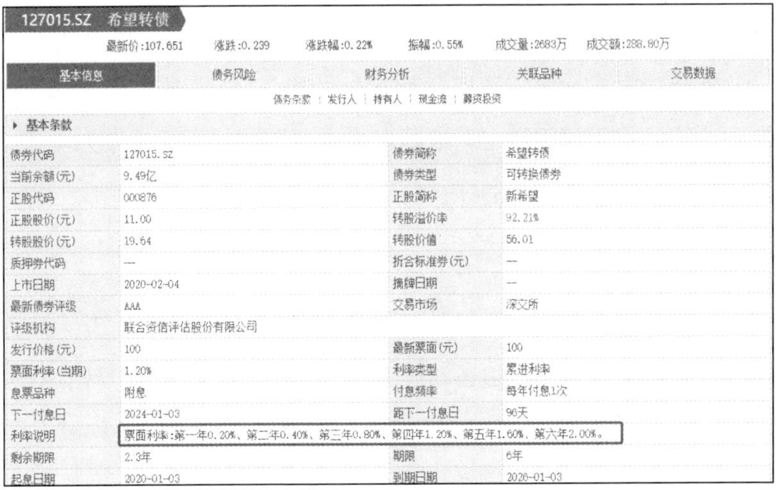

图 5-1

第二，可以"借钱不还"，把债主变成股东。

普通债券必须到期还钱，而可转债被持有人转换成股票之后，借款就变成了上市公司的资本金，上市公司（下面简称为"公司"）就不需要还钱了。

公司凭本事借到的钱，大都是不想还的，也不是说要赖账，只是更愿意把债主变成股东。很多公司在其可转债存续期间，股价怎么也涨不上去，为了促成转股，达到"借钱不还"的目的，公司会下修转股价。

大部分可转债在上市之后都想要实现强赎，这符合多方利益，所以我们在做可转债的时候，大都能从中赚取超额收益。

由于公司发行可转债只能专款专用，所以一旦债主成为公司股东，这笔钱就不再受限，可以随意使用，这对公司而言动力十足，发行方太希望大家成为股东了，所以 90% 以上的可转债都是强赎退市。大部分可转债的存续期都在一年半左右。

根据《可转换公司债券管理办法》规定，可转债在上市半年之后进入转股期，强赎发生在转股期间，如果连续 30 个交易日中任意 15 个交易日满足正股收盘价不低于转股价的 130%，则触发强赎。但也有事与愿违的时候，比如市场环境不好，或者公司的盈利能力遇到瓶颈，都会对公司股价造成负面影响。一旦投资者对公司的成长失去了信心,没有实质性的转变,股价就很难有所表现。

而股价又会影响转股价值,因为:

转股价值 = 债券面值/转股价 × 股价

当股价不断下跌的时候,转股价值一般也会不断降低。举个例子,某可转债的转股价为 10 元,而正股股价只有 6 元,你愿意花 10 元去买 6 元的东西吗?

显然不会,绝大多数人宁愿在持有到期后还本付息也不愿转股,因为转股意味着直接亏损。如果投资者都不转股,那么可转债到期后公司就要还一大笔钱,动辄几亿元。有些公司本就已经财务紧张,这无异于雪上加霜,不符合任何一方的利益需求。

但是,如果转股价从 10 元变成 5 元,花 5 元买 6 元的东西,很多人还是愿意的。所以可转债上市之初,在合同中就被赋予了一项权利,叫作"下修",就是特定情况下公司可以决定下调转股价。在连续 30 个交易日里,如果正股收盘价在任意 15 个交易日里都低于转股价的 70%,那么公司有权提议向下调整转股价格,提议经出席会议的股东所持表决权的三分之二以上通过就可实施。

注意,70%不是统一的标准,每家公司都不一样,有的将其约定为 85%,有的将其约定为 90%,对投资者来说当然是越高越好。比如转股价为 10 元,转股价的 70%是 7 元,也就是正股收盘价持续低于 7 元才会触发公司的下修。如果正股收盘价是转股价的 90%，那么正股收盘价持续低于 9 元就可以触发下修。

在转股价下修之后，转股价值就会提升，可转债的吸引力就又回来了，这时候促强赎的难度变小了，或者说转股的魅力就变大了。因此，在特殊情况下公司是很愿意下修的，因为公司会尽最大努力促成转股，这与可转债投资者的利益是一致的。

在市场行情不好时，我们也不用过于担心手里的可转债会出现大幅下跌。我们急，公司更急，公司会努力实现强赎，胜负未分，乾坤未定，谁说咱们就不能成为赢家呢！

也就是说，只要公司不退市，这张可转债就依然是有债性兜底的，公司到期必须还本付息，而且下修往往可以让一张可转债重新焕发生命力，本来没有人气的可转债可能会因为下修而重新聚集人气。我们在交易的时候也需要关注这类债，可能就有"金子"在其中。

有人说，可转债是持有人和上市公司实现双赢的品种，那么问题来了，到底谁吃亏了呢？

答案是，持有正股的散户吃亏了。理论上转股会摊薄股东权益，转股后的抛盘也会压制股价。总的来说，可转债是一种非常有吸引力的投资品。相当于股票的看涨期权，拥有"亏损有限，盈利无限"

的投资魅力，给人一定的安全感。

做股票投资和做可转债投资最大的区别是，股票投资只能选择"高风险搏高收益"，可转债投资既可以选择"高风险搏高收益"，也可以选择"低风险套利"。

我们参与可转债投资，一定要理解以下 4 个专业名词。

第一，**转股价格**，本书中简称转股价，相当于可转债与正股之间的汇率。一张可转债可以兑换的股票数量计算公式为：

$$可转债兑换股票数量 = 100 元/转股价$$

如果持有 1 张转股价为 8 元的小牛可转债，可以拿到对应的股票数量就是 100/8=12.5 股，即 12 股小牛股票。

有人要问："还有 0.5 股股票怎么办，撕下半股股票给我吗？"答案当然是："不可能的"。

如果剩余不足 1 股股票，交易所就会以现金的形式返还到我们的账户里。也就是说，每张小牛可转债可换 12 股股票，剩下的 0.5 股股票按现金折算到账户里。如果我们持有 10 张小牛可转债，那么正好可以兑换 10×100/8=125 股股票。

看到这里我们就可以明白了，转股价与正股价共同决定了一只可转债的价值。假设小牛可转债对应的正股价为 8.50 元，那么 1

张小牛可转债的转股价值为 8.50÷8×100=106.25 元，此时如果小牛可转债价格高于 106.25 元，那么高出的部分就是溢价，如果低于 106.25 元，那么低的部分就是折价。

这里要注意一点，可转债转换股票是有时间要求的，并不是任何时候都可以转股。也就是说，它有固定的转股期。一般来说，可转债并不是一上市就可以转股的，要过一段时间后才开放转股权利。通常可转债上市 6 个月后，如果没有进入转股期，就不能转股。比如，某只可转债的《募集说明书》中显示，其转股期为"自本次可转债发行结束之日（2020 年 1 月 9 日，T+4 日）满 6 个月后的第一个交易日（2020 年 7 月 9 日）起至可转债到期日（2026 年 1 月 2 日）止"。

第二，**转股价值**，指每张可转债转换成正股并卖出可以得到的金额，其单位为元，计算公式为：

$$转股价值 = 正股价 \times 100 元/转股价$$

所有可转债发行时的面值统一为 100 元，100 元除以转股价的商，就是一张可转债可以转换为股票的数量。

由于转股价值与正股价密切相关，而正股价是随着市场变化而波动的，所以转股价值也是一个动态的数值。即股票交易时段，转股价值随对应正股的价格变化而变化。

总的来说，转股价值主要用在三个地方。

首先，可转债发行时判断其是否具有申购价值和配售价值。

一般情况下，可转债的转股价值高于 100 元，就具备申购价值和配售价值。不过在具体分析时，还需要结合相应的正股质地、转债评级、现存可转债的折溢价率等多个因素。

其次，判断可转债是否达到强赎、回售的标准。

比如，某可转债的有条件赎回条款中提到："在本次发行可转债的转股期内，如果公司普通股股票在连续 30 个交易日中至少有 15 个交易日的收盘价格不低于当期转股价格的 130%（含 130%），经相关监管机构批准（如需），公司有权按照债券面值加当期应计利息的价格赎回全部或部分未转股的可转债。"也就是说，在连续 30 个交易日中至少有 15 个交易日可转债的转股价值不低于 130 元，即可触发强赎。

最后，测算可转债溢价率，该溢价率是可转债市场成交价格高出其转股价值的百分比，计算公式为：

可转债溢价率=（可转债价格／转股价值-1）×100%

低价可转债溢价率高，是因为有债性托底，可转债跌幅远低于正股跌幅造成的。高价可转债也有溢价高的情况，它可以衡量市场对该可转债的追捧热度。溢价率越低，说明可转债越容易跟随正股同步涨跌。

第三，强赎条款。

赎回有两种，一种是到期赎回，另一种是提前赎回。我们投资可转债都希望提前赎回，而不是到期赎回。以某可转债为例，其提前赎回条款是：

A. 转股期内，股票在连续 30 个交易日中有 15 个交易日的收盘价不低于转股价的 130%；

B. 未转股余额不足 3000 万元。

提前赎回，也叫有条件赎回，是可转债发行公司的权利，对投资者有强制性，所以也被称为强赎。如果公司对可转债发起强赎，但可转债持有人在规定的时间内不转股，那么手中的可转债就会被公司以赎回价格强制收回。

赎回价格在《募集说明书》中有约定，比如某可转债对提前赎回价格是这样约定的：公司董事会有权按照债券面值加当期应计利息的价格赎回全部或部分未转股的可转换公司债券。简单地说，赎回价就等于 100 元面值+当期利息。

此外，赎回也是有时间期限的，没有进入赎回期的可转债，即使正股价是转股价的 10 倍，也不能提前赎回。

第四，回售条款，通常在《募集说明书》中被称为"有条件回售条款"。

一般回售条款是这样规定的：在可转债最后两个计息年度，如果股票在任何连续 30 个交易日内收盘价格低于当期转股价格的 70%，那么可转债持有人有权将其持有的可转债全部或部分按债券面值加上当期应计利息回售给公司。

不同的可转债关于回售期的规定是不同的。有的是最后两个计息年度内，有的是转股期内，还有的是可转债发行后多少个月内。目前，绝大多数可转债是按照最后两个计息年度内来规定的。如果不在回售期内，就算正股价在转股价的 50% 长期徘徊，持有人也是没有回售权利的。

回售是赋予可转债持有人的权利。当正股价跌得太低，触发回售条件时，持有人有权将手中的可转债以约定的回售价格卖回给公司。

注意，回售是持有人的权利，不是义务。你可以选择回售，也可以选择不回售，继续持有。

回售价格是在《募集说明书》中事先约定的，通常等于债券面值加上当期应计利息的和。并不是每只可转债都有回售条款，有些金融类（银行和券商）的可转债，因为会计原因而不设置回售条款。个别低信用评级的非金融类可转债，也没有设置回售条款。

不能回售该怎么办呢？

不用担心，实际上可转债都设置了附加回售条款，当募集的资金用途发生重大变化时，可以回售。

需要注意的是，绝大多数可转债在一个计息年度内只能有一次回售保护。当一只可转债在同一个计息年度内多次触发回售条款时，只有第一次有效。如果持有人在回售申报期内没有行使权利，那么投资者在这个计息年度内就没有权利再次参与回售了。

通过这些基本概念，我们对可转债有了一定的了解。如果想在追求收益的同时，也能拥有一定的安全感，那么可转债是可以重点研究的投资品种。

5.2 除了打新,新债还能通过抢权配售买

经常有同事跟我抱怨,自己已经好久没有打中新的可转债了。

如果不怕麻烦,那么多账户打新是一个比较稳健的提高中签率的方法。除了打新,我们也可以通过抢权配售买新债。

抢权配售,就是在可转债发行前去购买它的正股。由于正股股东有直接配售可转债的优先权,我们就可能拿到部分筹码。

比如,笑笑可转债发行,每股配售 2.9148 元面值的可转债,按正股"笑笑股份"T-1 日收盘价 9.83 元算,市值可转债配售比为 29.65%。也就是说,每万元正股市值可以获配 2965 元可转债,即 2.965 张,当然实际配售数量要取整到 1 张。

如果你要参与抢权配售,需要先考虑好以下三个问题。

第一,新发行的可转债是否值得配售?

抢权配售并不一定都能赚钱,这个操作是有一定风险的,因此需要提前权衡好。一方面要计算正股可能的盈亏,另一方面要计算配售转债上市后可能的盈亏。只有两者之和大于零,才可以配售。

还是拿前面的笑笑可转债举例，预期可转债上市后价格上涨20%，根据配售比可以计算出获利达 5.93%。如果正股下跌超过5.93%，则说明投资失利。

相反，如果正股 T 日不跌甚至上涨，我们就能获得更多的收益。

目前的可转债市场，新债上市大部分能赚钱，无非是赚多赚少的问题。即便不赚钱，只要耐心持有，早晚也能回本。

我们可以挑选发行规模在 5 亿元以下，最好包含热门概念的可转债进行配售。由于这些可转债上市后有机会"成妖"（指大涨），收益可能会额外丰富。而对于正股的涨跌，由于现在参与抢权配售的人越来越多，所以买入时只要埋伏得足够早，单单靠其他配售人抢正股导致的股价上涨，就能小赚一笔。

随着了解这个投资策略的人越来越多，未来提前埋伏的人可能也会越来越多，从而导致股价提前上涨，等到发行日正股可能就涨不了多少了。

第二，如果参与配售，那么需要买多少正股，才能确保拿到可转债？

一般看配售比就知道了。发行规模除以正股股本数，计算结果就是持有一股正股能配售的转债额度。比如，笑笑公司在深市发行 10 亿元规模的可转债，正股股本数为 10 亿股，那么持有 1 股笑笑股票，就可以配售 1 元的可转债。

需要注意的是，沪市可转债的最低交易量是 1 手（1 手=10 张），也就是一次交易的价值最少为 1000 元，深市可转债的最低交易量是 1 张，也就是一次交易的价值最少为 100 元。

如果想要配售一张可转债，也就是说 100 元可转债，只需要持有 100 股笑笑股票就可以了。

如果持有 1000 股笑笑公司股票，就能配售 1000 元可转债，也就是 10 张可转债。

由于沪市可转债最低要求是 1 手起买，这就出现了一种特别的玩法，叫"专门打一手"，这类人员也叫作"一手党"。简单地说，就是用不到 1 手的正股数量，获得 1 手对应转债配售的玩法。

由于配售比大多数情况都不是整数，所以需要持有的正股数量变化比较多。而交易所对不足 1 手的打新有比较复杂的规定，总结下来就是，如果配售数量大于等于 0.5 手，大概率就能配售到 1 手可转债。

第三，什么时候参与配售合适？

也就是说，什么时间买正股不容易亏钱，同时可转债还有钱赚？一般来说，最晚只需要在发行的前一交易日持有正股，就可以参与配售。

比如，你买的一只可转债将在 7 月 28 日发行，你只需要在 7 月 27 日收盘前买入正股，7 月 28 日早上卖出。如果你在 7 月 26 日之前买入正股，那就更好了。

不过按照现在参与配售的市场热情，如果你赶在可转债上市前的最后时间节点去买入，那可能就会买在高价上。因为有人已经预判了你的预判，提前埋伏在你的前头，就等着你这样的投资者冲进来把正股股价拉高，提前埋伏的人只要有浮盈就"砸盘"走人。

可能这波人并不是为了赚取可转债的收益，而是想要赚取正股上涨的差价。那么问题来了，什么时候买正股比较安全呢？

在回答这个问题之前，我们先来看一下可转债的发行流程。

通常公司要想发行可转债，首先要董事会提交预案，然后在股东大会上批准，随后提交给证监会或者交易所。发审委或者上市委通过后，如果证监会核准同意注册，就可以发行公告及实施发行了。

那么有人要说了，此时买入正股岂不是更好？

答案是否定的，这时候虽然可以规避可转债发行能否成功的不确定性，但并不能规避时间过长导致的正股涨跌的不确定性。

实际上，即便证监会核准同意注册，可转债上市发行的时间也是不确定的，可能间隔的时间会很长。根据以往的经验，可以等以下两种情况出现后，再买入正股。

第一，大股东发布股份质押公告。

一般出现这种情况时，说明公司当下比较缺钱，想要通过质押股份获得现金参与配售，这往往意味着可转债即将发行。

第二，前一次发行的可转债还在，但公司发行了暂停转股公告，这意味着新的可转债即将发行。

当出现以上两种情况时，可以考虑买入正股，应该会是比较好的时机。至于具体的配售流程就比较简单了，大部分券商App上都有一键配售的功能，直接单击"缴款"就可以了。如果你找不到具体的区域，可以联系券商客服解决。

总的来说，如果可转债打新一直不中签，可以尝试这个方法。需要注意的是，你要考虑好风险和收益比，再确定是否打新。毕竟这种方法与多账户打新不同，会有一定的风险。

5.3 风浪大也不怕，用策略组合守护安全感

在我们的认知中，投资这件事情，总是风险和收益亦步亦趋的。低风险就意味着低收益，高收益就对应着高风险。

那有没有什么投资，可以颠覆这种认知呢？

假如你投资 2 元，有机会获得 100 万元，而且随着投资次数的增加，这种概率也会增加。那么，当投资次数达到 1 万次的时候，中奖概率会高达 90%以上，你是否愿意参与？

我想绝大多数人都会选择参与。因为就算你投资 2 万次才中一次，依然是划算的。两万次的投资成本为 4 万元，但是你获得的回报是 100 万元，除去成本还赚 96 万元。

这类投资者在投资中又被称为"憨夺型投资者"，简而言之，就是用低风险博高回报。感兴趣的朋友可以看看《憨夺型投资者》这本书，作者是莫尼什·帕伯莱。

不过这里的"低风险"指的是"低成本"，当低成本赚取高收

益成为一个大概率事件时，投资可转债就变成了低风险高收益了。当然这种情况并不常见，在国内可转债因受到各种条款的约束，以及与发行方利益深度绑定，一定程度上也具备了这种属性。

可能有人会说，既然有这种好事，那为什么大家不都去做可转债呢？

答案是人性。

人性会让很多真相被蒙蔽，而使虚幻被放大。就像复利是一件长期收益巨大的事情，但是绝大多数投资者都只看到短期利润，而不愿接受长期复利。

可转债投资有多种策略组合：双低轮动策略、低溢价率策略、规则套利策略，等等。

可转债作为一种可守可攻的投资品，在弱市时具备债券的防御性，在强市时又具备股票的进攻性。我们应该侧重把握可转债的双重属性，遵循稳健投资的策略，最大程度地发挥可转债的优势。

可转债本质上是上市公司的债券，债券本身内含 100 元的面值和约定的利息。按照持有年份，每一年的利息是不一样的，可转债到期后公司还本付息。

可转债是债权和股权结合的特殊品种，从现有数据和可转债规则来看，可转债通过强赎退市无疑是最普遍的情况，同时也是最符合发行方和投资方共同利益的方式。

如果我们在 120 元左右买入可转债，买入之后运气不太好，价格下跌了。由于可转债有债的托底价格，所以下跌空间有限，一般在面值附近就不会再大跌了，到期后还是能拿回 110 元左右的本金加利息。

为了尽快促成债券持有人转股，在可转债发行时，发行方就被赋予了一项权力，叫作"强赎"，也就是强行赎回，这项权力被写进了合同。

公司行使强赎权利，其实就是逼着债券持有人转股。因为按照可转债面值加上当期利息，到期价格一般在 110 元左右，而满足强赎时的可转债价格都在 130 元以上。

强赎由于符合多方利益，所以也成为可转债退出市场的主流形式。除了极个别到期退市，以及因正股退市而退市的可转债，历史中 90% 以上的可转债都是通过强赎退市的。

首先，我们在选择一只可转债时，要判断它现在的价格是否安全，有没有债底的保护。强赎意味着可转债价格大概率会涨到 130 元及以上，所以买入低于 130 元的可转债是比较安全的。

然后，我们还需要知道可转债的转股价值和溢价率，通过溢价率可以判断一只债的股性强弱，以及收益空间是多少。转股价值就是将手中持有的可转债转换成公司股票后值多少钱。这与股价和转股价值有关系，转股价值可以通过公式进行计算：

转股价值 = 面值/转股价 × 正股价

可转债的面值为 100 元，转股价是《募集说明书》中约定的或向下修正后的价格，正股价是公司股票的价格。正股价在每个交易日都会实时波动，所以转股价值也是实时波动的。

假设某可转债的转股价是 20.68 元，正股价是 26.1 元（以查询时间为准），那么该可转债的转股价值为：面值 100 元/转股价 20.68 元 × 正股价 26.1 元 = 126.21 元，那么该可转债的转股价值为 126.21 元。

转股价越低，正股价越高，往往对应的转股价值就越大。而转股价值越大，我们进行转股自然就越划算，收益空间越大。

而可转债的市场价与转股价值之间的差额，就是我们溢价率的空间，溢价率计算公式如下：

溢价率 =（可转债价格 − 转股价值）/转股价值 × 100%

溢价率是可转债的一个非常关键的指标，是用来衡量可转债当前交易价格相比于它的转股价值的溢价程度。溢价率越高，可转债跟随正股上涨的关联程度就越低，进攻性也越弱，可转债价格越难上涨；溢价率越低，可转债跟随正股上涨的关联程度就越高，进攻性也越强，可转债价格越易上涨。

一般来说，我们要挑选双低（价格低、溢价率低）的可转债，避开双高（价格高、溢价率高）的可转债。

价格低、溢价率低的可转债，有低价格来保证其债性，也就是安全性。低溢价率说明正股价和转股价相差不多，正好与正股同步。正股价上升，转债价格上涨，可以博取高收益。正股价下跌，有债券保底，体现了"上不封顶，下有保底"。

而价格高、溢价率高的可转债已经被游资爆炒一轮，有很多后知后觉的投资者就会跟风买进，然后深深被套牢。等到游资撤退的时候，又会开启暴跌，双高转债上涨空间很少，下跌空间很大。

可转债交易的策略有多种，这里介绍两种比较主流的交易策略，我们做交易的时候建议根据策略去做，策略交易可以摒弃掉人性的部分，让交易回归市场。

下面介绍双低轮动策略，"双低"指的是低价格和低溢价率。

在介绍双低轮动策略之前,先对可转债的分类做一个了解,图 5-2 是可转债投资四象限图,根据可转债价格和溢价率,市场上的可转债可以分为四类。

可转债投资四象限图:

	溢价率	
高溢价率、低价格		**高溢价率、高价格**
		可转债价格
低溢价率、低价格		低溢价率、高价格

图 5-2

第一类:高溢价率、高价格。

第一象限是可转债贵族,这类可转债的质地较好,上市公司的业绩和发展前景都得到当前市场的认可,最终归宿以强赎为主。这类可转债的价格很高,甚至已经超出了其实际价值,因此债性几乎已经丧失了,而脱离了债性也就脱离了安全性。

高溢价率的出现意味着正股提升对可转债的价格提升作用减小,同时正股下跌对可转债价格的消极影响加大,所以不建议新手选择这类可转债。

第二类:高溢价率、低价格。

此类可转债价格低,债性强,安全性较高。但是由于具有高溢价，所以进攻性不强。可转债转股价高出正股价很多，由此导致溢价率较高，正股的提升并不能大幅提升转债价。

但是由于正股价低于转股价，容易触发"下修条款"，导致转股价下调，所以转股价值上升，从而使可转债"脱胎换骨"。

第三类：低溢价率、低价格。

此类可转债有低价格来保证其债性，也就是安全性。低溢价率说明可转债价格与转股价值相差不多，可转债价格往往与转股价值同步上涨，转股价值的上涨又与正股的上涨呈正相关。正股价上涨，可转债价格上涨，可以博取高收益。正股价下跌，有债券保底，保证拿到本金和债券利息，体现了"上不封顶，下有保底"。

第四类：低溢价率、高价格。

此类可转债的特点是债性弱、股性强，正股价格已经超出转股价，溢价率甚至是负值，转股就相当于低价买入可转债，转换为更高价值的股票。这时可转债的价格也会随着正股价的上涨而上涨，可转债投资者已经赚到了钱，到了获利了结的时候了。这类情况大多发生在可转债发行还没到转股期的时候，此时，企业的正股价已经超出转股价，溢价率为负值，且可转债价格比较高。

双低轮动策略配置的是第三象限的可转债。

低可转债价格，使得可转债具有较强的债性和防御性；低溢价率，使得可转债具有较强的股性和进攻性。如图 5-3 所示，大家可以在集思录网站上，按照双低值进行排序，进而挑选出符合标准的可转债。

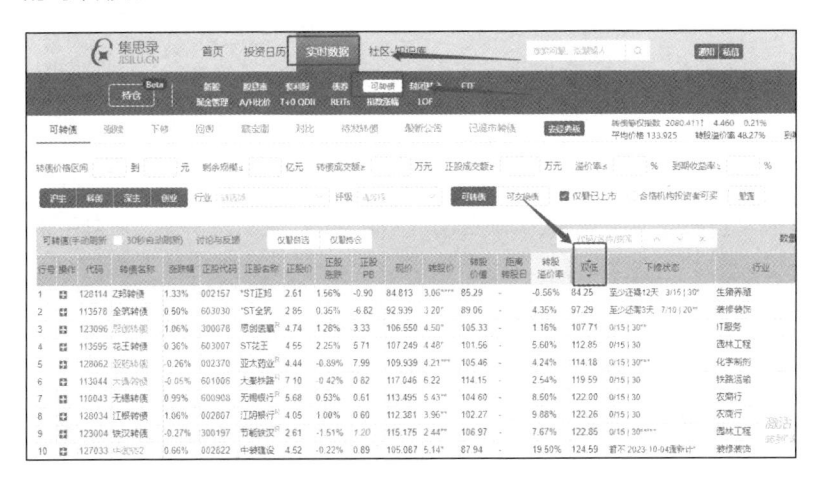

图 5-3

双低轮动策略需要我们按照排名选取一定数量的可转债进行建仓，然后定期做一次轮动，不用天天盯盘。比如，一周轮动一次，可转债在排名之外的就卖出，新进入排名内的就买入，循环滚动就可以了。

另一个比较主流的可转债组合策略叫作低溢价率策略。

双低策略的特点是攻守兼备，非常稳健；而低溢价率策略的特点是以攻为守，不断地寻求市场的强势可转债。

如果说投资者自身的风险偏好比较高，那么以攻为守也是一种不错的方法，通过不断地进攻来代替消极的防守。

低溢价率策略主要风险在于市场持续恶化，股价不断下跌。

由上面转股价值公式可知，当正股表现强势，股价不断上涨时，转股价值会不断地上涨。可转债和正股的走势同步，但是因为正股强势，投资者往往不敢贸然追进可转债，担心正股价格回调，可转债的涨幅可能小于正股的涨幅。转股价值和可转债市价不断地拉近，溢价率变低甚至出现折价现象，比如之前的苏银转债，如图 5-4 和 5-5 所示，由于正股最近表现很好而出现了一段不错的拉升，所以出现了折价情况。

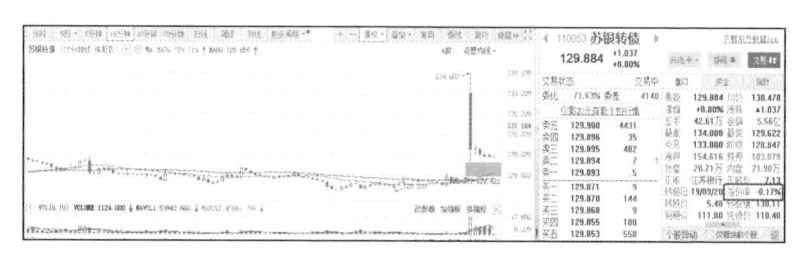

图 5-4

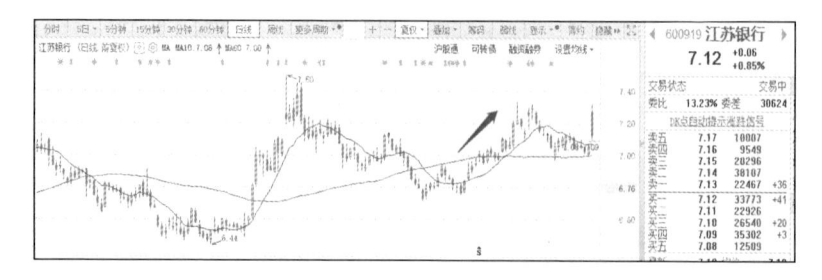

图 5-5

我们通过低溢价率就可以锁定市场中的强势股,如图 5-6 所示。需要注意的是,有些临近到期的和强赎的可转债也会混在其中。到期和强赎的可转债丧失了期权价值,溢价率最终会变为 0,这类可转债是不需要被关注的。

行号	操作	代码	转债名称	现价	涨跌幅	正股代码	正股名称	正股价	正股涨跌	正股PB	转股价	转股价值	转股溢价率	双低
1	+	128140	润建转债!	140.350	-3.61%	002929	润建股份	36.98	-3.29%	1.92	25.95	142.50	-1.51%	138.84
2	+	123075	Z斯转债!	140.088	-0.34%	300580	贝斯特	21.95	0.05%	3.18	15.44	142.16	-1.46%	138.63
3	+	123014	Z发转债!	106.410	-2.29%	300407	凯发电气	8.60	-1.94%	1.67	7.98	107.77	-1.26%	105.15
4	-	110080	东湖转债	132.470	-4.25%	600133	东湖高新	7.61	-3.91%	0.81	5.71	133.27	-0.60%	131.87
5	+	128114	正邦转债!	90.436	0.13%	002157	*ST正邦	2.78	0.00%	-0.96	3.06****	90.85	-0.46%	89.98
6	+	128079	英联转债!	156.740	1.42%	002846	英联股份	13.05	1.48%	5.29	8.29	157.42	-0.43%	156.31
7	+	123118	聚城转债!	309.292	0.09%	300779	惠城环保	49.59	-1.39%	6.30	15.99	310.13	-0.27%	309.02
8	+	127036	三花转债!	128.026	0.69%	002050	三花智控	27.04	0.60%	7.27	21.10	128.15	-0.10%	127.93
9	-	127063	贵轮转债!	152.090	0.34%	000589	贵州轮胎	6.69	0.30%	1.40	4.40	152.05	0.03%	152.12
10	-	110053	苏根转债	128.014	-0.45%	600919	江苏银行	6.98	-0.57%	0.50	5.48	127.37	0.51%	128.52
11	+	123092	天膺转债!	211.081	-0.07%	300332	天膺环境	10.58	-0.47%	2.20	5.06	209.09	0.95%	212.03
12	+	127065	瑞鹄转债!	185.365	-1.56%	002997	瑞鹄模具	31.31	-2.28%	4.21	17.06	183.53	1.00%	186.37
13	+	113044	大秦转债!	117.018	-0.32%	601006	大秦铁路	7.18	0.00%	0.82	6.22	115.43	1.38%	118.40
14	+	113578	全筑转债!	91.603	-0.62%	603030	*ST全筑	2.89	-1.70%	-6.91	3.20*	90.31	1.43%	93.03
15	+	118021	新致转债!	230.581	2.06%	688590	新致软件	24.19	4.54%	4.51	10.68	226.50	1.80%	232.38
16	+	110061	川投转债!	179.457	0.30%	600674	川投能源	14.80	1.09%	1.89	8.40	176.19	1.85%	181.31
17	+	123015	蓝盾转债!	25.505	-1.43%	300297	蓝盾退	0.21	0.00%	-0.29	0.84****	25.00	2.02%	27.53
18	+	127058	科伦转债!	181.711	0.50%	002422	科伦药业	28.53	2.40%	2.55	16.04	177.87	2.16%	183.87
19	-	128081	海亮转债	132.028	-0.43%	002203	海亮股份	12.30	0.00%	1.87	9.54	128.93	2.40%	134.43
20	+	128106	华统转债!	213.909	-1.88%	002840	华统股份	18.09	-1.15%	4.35	8.82	205.10	4.29%	218.20

图 5-6

剔除掉临近到期和临近强赎的可转债,剩下的可转债按低溢价排序,用以攻为守的策略,选取进攻性比较强的可转债。

从图 5-6 可以看到,在低溢价率排序中很多可转债价格很高,有 200 多元甚至 300 多元的可转债。这些可转债从价格上来说,基本没有安全垫可言。一旦正股不再强势,可转债必然也会跟着走弱。不同于双高转债，它们基本不会出现暴跌的情况。原因在于溢价率，低溢价率相当于可转债的安全垫。如果出现了折价，那么买可转债相当于折价买股票，这时候就出现了套利空间，但这种状态是不可持续的。

想要消除折价，要么正股跌，转债不跌，要么正股大跌，转债小跌；要么正股不涨，转债涨；要么正股小涨，转债大涨。同样的，溢价较低时正股涨，转债也能够跟涨，所以不管出现哪种情况，可转债的风险都相对较小。

了解这两种主流的可转债交易策略后，先弄清楚策略逻辑再进行实盘操作，不要盲目出手，不然很容易被市场"割韭菜"。

5.4 嫌弃股票风险高，债券默默守护你

股票能让人产生"短期暴富"的幻想，我们先不讨论是否现实，"短期"和"暴富"两个词听起来就让人热血沸腾。

而债券就像一个默默付出的"老实人"，相比股票的刺激，债券的预期收益实在没办法比，自然激不起大家蜂拥而至的兴趣。

但是债券也有它的优势，不管经济周期是强还是弱，股市行情是好还是坏，它都会默默地守护我们，不让我们的收益率大起大落。

如果股票是一个能不断给女友制造浪漫惊喜的"高富帅"，能带给女友难忘的恋爱体验，但分手的时候往往也让女友痛彻心扉，那么债券就像一个不会甜言蜜语，但用心照顾女友日常生活的"普通暖男"。也许平淡的日子很难留下难忘的回忆，但是每一天都过得踏实、安心。

到底选"高富帅"还是"普通暖男"，就要看每个人的选择了。就像有人迷恋"深夜的酒"，追求刺激和浪漫，有人享受"清晨的粥"，喜欢踏实和温暖。只要忠于自己的选择，"酒"或者"粥"都能品出幸福的味道。

很多人可能不了解债券，简单地说，它是一种有价证券，是政府、企业、银行等各类经济主体为了筹集资金向投资者出具的债权凭证，债券到期会偿还本金并且按照一定利率定期向投资者支付利息。

也就是说，我们可以把债券当作机构给我们打的一张欠条。目前国内的债券市场包括银行间债券市场、商业银行债券市场，以及交易所债券市场在内的三层体系。

银行间债券市场是债券交易的场外市场，是目前规模最大的债券市场，商业银行等金融机构是其主要参与者。该市场属于大宗交易市场，类似于批发市场，实行双方谈判成交，逐笔结算。交易品种有国债、政策性金融债、中央银行票据、短期融资券、企业债等。

商业银行债券市场是银行间债券市场的延伸，属于零售市场。参与主体包括个人和企业投资者。凭证式国债不能流通，只有记账式储蓄国债可以在柜台交易。

交易所债券市场是我国债券市场的重要部分。该市场参与者是除银行外的各类社会投资者，在上交所和深交所开立账户就可以交易。

该市场属于集中撮合交易的零售市场，实行净额结算。交易品种主要有国债、公司债、企业债、可转换债券等。我国债券市场的规模也在逐步扩大，已成为仅次于美国的全球第二大债券市场。比如到 2020 年年底，我国债券市场余额达 108 万亿元人民币，位居世界第二。

对于我们来说，可以简单地把债券分为利率债和信用债。其中利率债主要包含国债，信用债主要包含企业债和公司债等。利率债的风险主要来源于利率的波动，没有信用风险。毕竟国债的发行主体是国家，是有国家信用背书的，我们都比较放心。而信用债同时要考虑利率风险和信用风险，它不仅受市场利率的影响，也受发行主体的影响。

对于发行主体而言，如果它的信用比较好，就可以用较低的价格发行自家的债券；如果它的信用比较差，那么它在进行债券融资时，就要提供较高的利率，这部分是对风险的补偿。

有人要问了，债券是怎么赚钱的呢？它的收益主要来自哪些方面呢？

具体来看，债券收益主要有三大来源。

一是**票息收益**，这是债券最主要、最确定的收益。

债券在发行时就会规定好票息率和付息时间，在不发生违约的情况下，债权人每期会收到固定的票息，票息的值为本金与票息率的乘积。

对于信用评级较低的债券发行人，往往会通过提升票息率来争取投资者的青睐。同时久期越长的债券，往往会提供越高的票息率，弥补投资者的流动性损失。所以想要追求更高的票息收益，可以选择信用下沉或拉长久期，当然这也意味着会有更高的风险。

这里的久期是债券市场的专业术语，可以理解为债券的平均到期时间，即债券持有者收回其全部本金和利息的平均时间。通俗点说，久期就是债券的剩余寿命。

久期越短，债券价格波动越小，风险越小，收益越低；久期越长，债券价格波动越大，风险越大，收益越高。

二是**资本利得**，就像我们买股票一样，指在市场上买进卖出后获得的价差收益。

由于债券的价格与利率呈负相关的关系，如果预测将来的利率水平会比现在的利率水平更低，那么未来债券的价格就会高于现在的价格。

也就是说，即使我们现在买入一个-1%利率的债券，如果我们能在未来以例如-2%利率的水平卖出这张债券，那么我们仍可以获得正向的资本利得。如果这部分资本利得能够覆盖负票面利率带来的损失，那么投资债券依然可以赚钱。

三是**杠杆收益**，比如债券基金，可以通过杠杆操作增厚收益。

有时候我们会发现债券基金的资产总值大于资产净值,这往往是杠杆的作用。比如,买1000元的国债,假设年化收益是3%,那么持有一年将获得30元的利息收益。

但是,这时我们可以在市场上买到周期为7~14天的债券基金,年化收益是2%,比如将1000元的国债押给别人,滚动地借7天或14天的钱,再次购买500元的相同国债。那么一年后这部分"杠杆"将为你带来500×(3%-2%)=5元的增厚收益。

这样算下来,1000元的本金一年可以获得35元的收益,也就是获得3.5%的年化收益。不过这也是债券市场容易出现风险的地方,需要专业的测算才能很好地控制风险。

债券的定价方式比较复杂,总的来说,债券收益率和债券价格是负相关的关系。也就是说,债券收益率上升,意味着债券价格下跌,债券市场就会是熊市。债券收益率降低,意味着债券价格升高,债券市场就是牛市。

而影响债券收益率的因素比较多,主要是利率政策、通胀预期、经济基本面预期和外部美联储利率政策的变化。

银行理财在大家眼中是安全靠谱的形象,一些低风险的投资者非常追捧银行的理财产品。其实我们大多数人买的银行理财,特别是一些中低风险的理财产品(R2产品),其底层资产大部分都是以债券为主的。

这里解释一下,"R2 产品"中的 R 是风险(Risk)的意思,银行理财按风险等级分为 R1 低风险、R2 中低风险、R3 中风险、R4 中高风险和 R5 高风险五个等级。

债券一直以来都是银行理财底层资产的重要组成部分,《中国银行业理财市场年度报告(2021 年)》曾公布过一个数据:债券占银行理财产品底层资产的 54%。

既然大家买得最多的 R2 银行理财产品,其底层资产都是以债券为主的,那么当债券市场出现较大波动时,理财产品净值自然也会随之一起变动。在 2022 年资产新规《关于可转换公司债券适当性管理相关事项的通知》正式实施后,银行理财也全面进入净值化时代,类似公募基金,需要每天披露净值变化。

不过理财产品的净值波动,可以理解成"浮亏"或者"浮盈",只有在投资者赎回或产品到期时才会真正变为实质性亏损或盈利。对于短期波动,大家也不用太紧张。

5.5 经济寒冬期，提前了解这些更安心

我们都知道万物皆有周期，经济本身就是周期性波动的。因此哪怕遇到经济寒冬期也不要慌，我们可以从经济周期的角度来看。

说到经济周期，美林时钟是一个比较通用的工具。它总结了在周期的不同阶段，投资哪些大类资产会更赚钱。它主要是根据通货膨胀和经济增长两个维度，把一个完整的经济周期划分为四个阶段，分别是复苏阶段、过热阶段、滞涨阶段和衰退阶段。

第一阶段：**复苏阶段**。主要表现为 GDP 上行，CPI 下行。

随着经济的逐步复苏，受宽松政策的影响，经济快速发展，企业得到更多的资金支持而增加盈利。这使得股票收益更具有爆发性，超额收益更好，所以此时股票是最优选择。此时的最优投资顺序为：

股票 > 大宗商品 > 债券 > 现金

第二阶段：**过热阶段**。主要表现为 GDP 上行，CPI 上行。

这个时候产出缺口还在不断扩大中，经济虽然保持着高增长，

但经济增速已逐渐放缓，CPI 也开始上行，物价开始上涨。企业盈利能力不错，对于大宗商品的需求增多。

这时候为抑制过热的经济，国家会推出提高利率的货币政策。利率提高后，债券的收益往往会下降，再加上利率提高本身对股票的收益率也有抑制作用，此时最好的投资选择就是大宗商品。此时的最优投资顺序为：

大宗商品 ＞ 股票 ＞ 现金 ＞ 债券

第三阶段：**滞涨阶段**。主要表现为 GDP 下行，CPI 上行。

这个阶段经济增长开始减速，产品也不好卖。但 CPI 反应慢，还在往上走，也就是物价还在上涨，这是让人非常纠结的阶段。央行进退两难，加息也不是，降息也不是。

一般来说，面对经济滞涨央行采取的措施通常是硬着头皮加息，因为通胀的危害更大。比如 2022 年美联储开始暴力加息，目的就是哪怕牺牲经济发展，也要把通胀压下去。

由于经济不景气，企业虽然为了保持盈利会抬高价格，但盈利能力仍会大幅下降，所以股票的表现会很差。对大宗商品的需求也下降，如果股票市场、债券市场、大宗商品行业都不景气，就只能持有现金了，此时的最优投资顺序为：

第 5 章　当爱情转化为亲情时，有个门槛叫安全感

现金 ＞ 大宗商品 ＞ 债券 ＞ 股票

第四阶段：**衰退阶段**。主要表现为 GDP 下行，CPI 下行。

这个阶段经济增长较差，产品依然不好卖，CPI 开始下行，央行可以出手降息了。利息一降，债券就开始"扬眉吐气"了，但经济大环境不好，股票和大宗商品依旧"凉凉"，所以此时最好的选择是债券。此时的最优投资顺序为：

债券 ＞ 现金 ＞ 股票 ＞ 大宗商品

美林时钟是国外总结的分析工具，具体应用到我们国家的时候，往往时灵时不灵。很多时候不是按照顺序轮动的，比如，有时会从衰退直接跳到过热，或者从复苏跳到过热等。因此美林时钟也被我们戏称为"美林电风扇"。

主要原因是，我们国家更倾向于通过宏观调控来调整经济发展，以及我们对利率的调节也会影响各类资产的表现。很多时候虽然处于对应的阶段，但最优投资顺序和美林时钟并不一致。

那么问题来了，我们该怎么分析国内的经济周期呢？

可以结合货币政策和信贷政策来分割不同的周期。关注货币政策的核心就是关注央行（指中国人民银行）的"放水"多不多，具体看银行间市场的利率变化就知道了。如果利率低，就说明货币政

策比较宽松。关注信贷政策主要就是关注央行的放贷意愿强不强，主要看社会融资规模的增速就知道了。而社会融资规模，代表的是实体经济从金融体系里借到的钱的规模。

具体来看，也可以分四个阶段。

第一阶段：复苏阶段，具体的表现是"宽货币+宽信用"。

这时候央行持续在"放水"，市场利率下降，而且央行让各家银行多往实体经济放钱，社会融资规模涨得比较快。企业手里开始有钱买大宗商品了，这时候大宗商品和股票的收益率大概率都会很好。而在上一阶段——衰退阶段时，由于央行已经"放了不少水"，大家对债券因"放水"而上涨已经有了预期。这些变化都会反应在债券价格上，所以此时债券涨得一般。

第二阶段：过热阶段，具体的表现是"紧货币+宽信用"。

这时候经济开始过热，央行逐渐减缓"放水"的脚步，但此时各家银行放贷意愿还是很强。在这种情况下，大家的需求还是比较高，企业的利润也会增高，股价也会水涨船高。

第三阶段：滞涨阶段，具体的表现是"紧货币+紧信用"。

在两种政策同时收紧的情况下，市场上并没有哪种资产表现突出，因此可以通过构建投资组合或者持有现金来规避风险。

第四阶段是衰退阶段，具体的表现是"宽货币+紧信用"。

这时候央行开始重新"放水"刺激经济。但银行拿到钱后，往往并不是首先发放更多贷款给企业和居民。因为经济不给力，银行担心这时候放贷很难收回，所以会减少信用贷款规模，不过可以确定的是，利率开始下行，债券市场比较吃香。

前面介绍了两种划分经济周期的方法，供大家参考。它们每个阶段都有相对较好的投资方式，并不是没有一点投资机会。虽然真实的经济运行情况和这些理论模型会有不一致的地方，但它们还是能给我们带来一定的参考和借鉴。

问题来了，如果遇到经济寒冬，我们该怎么度过经济低谷期呢？

首先，不要让自己有过高的负债，最好能保持一定的现金流。

在经济形式不好的时候，很多人为了偿还债务开始抛售资产，从而导致资产价格下跌。这时候资产所代表的财富就会缩水，它只是账面数字罢了，并不是财富本身。因此，不要有过多的负债，尽可能地规避债务带来的风险，保持适当的现金流，这样可以更好地应对各种突发情况。

其次，可以适当配置黄金，对冲全球金融危机和地缘战争冲突的风险。

黄金本是一种贵金属，它并不能创造收益。但由于它的物理属性比较稳定，全球范围内的储存量也比较有限，就被全世界各个地方的人民当作货币使用。于是就产生了价值，慢慢就成了财富的象征。

我们先来看看黄金的历史发展进程，可以从中找出一些有价值的投资参考。

大概在 1845~1945 年，也就是布雷顿森林体系出现前的 100 年间，全球实行的是金本位的货币制度。从这时候起，黄金可以说是公认的世界货币。不管是东方人，远隔重洋的美洲人，亦或欧洲人，都把它作为财富储藏起来。这个阶段的所有货币都需要以黄金为锚，全球各国政府大都以法律形式规定货币的含金量，不同货币之间的汇率就是两国货币含金量之比。

1945~1971 年，这是美元作为世界货币的开始阶段。这时候美元的信用不够强，美国人想出了一个增强美元信用的大招，就是规定把美元和黄金挂钩，35 美元可以兑换 1 盎司黄金。在这个阶段，黄金是世界货币的信用支持。

随后，也就是从 1971 年到现在，从美元正式与黄金脱钩开始，全球进入纯信用货币时代。国家信用成为世界信用的主体，美元取代黄金成为世界货币，黄金信用成为历史往事。

也正是从黄金和美元解除绑定之后，黄金迎来了三波大的上涨。

第一波是从 1971 年到 1980 年，黄金价格从每盎司 35 美元上涨到 850 美元。但从此开始，黄金就陷入了长达 20 多年的熊市，再一次重回 850 美元，是在 2007 年年底。如果投资者在 20 世纪 80 年代、90 年代甚至 21 世纪初买入黄金，基本上都是亏损的。

黄金的第二波行情，则要等到 2008 年的次贷危机。

由于美国实行大规模量化宽松政策，使黄金价格在 2011 年涨到了 1900 美元的历史新高。但是随着美国量化宽松政策的力度减轻，黄金很快就重回熊市，在 2015 年年底跌到了 1000 美元附近。直到 2020 年新冠疫情开始爆发，黄金才迎来了第三次牛市。

回顾黄金历史上的三次大行情，不难发现，它们的启动都是因为极其罕见的历史性事件。

第一次大行情是因为美国在 1971 年宣布美元和黄金脱钩，第二次大行情是因为 2008 年的次贷危机，第三次大行情是因为 2020 年的新冠疫情。

如果不是这种史上罕见的极端事件发生，在大多数岁月静好的日子里，黄金其实并没有什么表现机会。

从另一个角度讲，黄金就相当于投资者账户的保险。当投资者股票账户表现不好的时候，黄金一般都会有较好的表现。其原理很简单，资金总要找一个去处，或投资黄金或投资股票，影响这种短期投资走势的因素主要是情绪。

如果股市行情不好，而投资者的钱又得找个地方存放，那么除了存款和保险，黄金和债券基金也是投资者非常青睐的对象，所以投资者经常把黄金和债券基金作为投资账户的"压舱石"。不过黄金和债券基金是权益类资产，预期收益相对高一些，同时也有亏损的可能。通常黄金亏损时，股票市场往往表现不错。

总的来说，"存款+保险+黄金+债券基金"可以组成一套防御组合，作为家庭财务账户在经济寒冬的压舱石。

后　记

我为什么要写这本书？因为理性和感性是可以共生的。

当我写完这本书的时候，上海差不多立秋了，如果不出意外，这本书会在 2023 年的冬季出版。

虽然纸媒日渐式微，但能出版纸质图书也圆了我年少时的一个梦想，这对我来说意义非常重大。也正是出于这份情怀，我不希望把这本书写成枯燥的工具书，或者冰冷的理财书。我想让它更有新意一些，更有温度一些，让读者在理性的金融世界中保留一些感性。这也是我一直以来的观点：理财就是理生活，理性和感性是可以共生的。

因为平时研究理财比较多，我身上"金融女民工"的气质非常明显，理性、自信、稳定、自律等是别人给我贴的标签，合作伙伴经常开玩笑说，工作中的笑笑仿佛是一个脱离了人类情感的机器人。

其实并不是这样的，人是非常复杂的高级动物，理性和感性、自信和胆怯、稳定和怀疑、自律和懒散并不是对立面。它们此消彼长，相互转化，才构成了一个个有血有肉、会哭会笑的人啊。

理性让我更加清醒地认识世界，但感性让我在认清现实后依旧温柔地对待世界。就像金融思维让我更加清楚地理解世界运行的真实规律，但在认清真相后，我始终愿意相信，只要运用好金融这个工具，就能更好地感受到金钱和世界的善意。这也是我在这本书中想要表达的核心观点：**正确认识理财，并通过理财让生活过得更好。**

最后，我想对女儿——一说几段话，请大家允许我"夹带私货"，占用少许篇幅表达一下新手妈妈对女儿的爱。

一一，你知道吗？这本书的出版既圆了妈妈年少时的梦，也是妈妈送给你的出生礼物。如果你在 20 岁、30 岁甚至 40 岁翻看这本书时，还能骄傲地对别人说："这本书里有我妈妈想对我说的话耶，当时我才 2 岁，我妈妈最爱我了"，那么对于我来说，这就是世界上最大的肯定。

谢谢你，宝贝，谢谢你健康长大，你是生命的奇迹，也是我的奇迹。你如此珍贵，妈妈怎能把你占为己有。我爱你是母性使然，我养你是社会责任，所有的出发点都是"我"，也是"我"不打声招呼就把"你"带到这个世界。

我确实为你付出了很多，以后还会更多。但是你也给我带来了前所未有的体验和欢乐，丰富了我的人生。所以，你并不需要被妈妈的付出束缚，妈妈是爱你的，但你是自由的。

宝贝啊，参照妈妈目前的人生经验，人生真的很奇妙，它既没有标准答案，也从不按预期发展。既然人生就像开盲盒一样，为什么不在每次做选择时，尽量跟随自己的内心呢？

人生的第一课，就是学会自己做选择，并为自己的选择负责。你可能不知道自己想要什么，但一定知道自己不想要什么。所以，大胆去实验人生的各种可能性就好。爸爸妈妈加把劲儿，尽力为你提供后盾。

但是，后盾归后盾，你可别想偷懒哦，我和你老爸才不会为你的人生负责呢。没有谁能对谁的人生负责，前期的一小段路爸爸妈妈尽可能为你打好辅助，后面的一大段路就靠你自己"打怪升级"了。你将来如果优秀，是因为你自己。如果你不够优秀，还是因为你自己。

当然，也别有心理负担，纠结于别人眼中的优不优秀并没太多意义，还容易让自己疲惫。有好胜心是好事，但人生不是除了输就是赢,也可以是和自己竞赛,按自己的意愿过一生。在你"打怪升级"的路上,妈妈会是与你一起成长的好搭档,相互打气的好队友。

那些我没能实现的梦想,还是我的,与你无关。你不需要活在妈妈的期望下,勇敢做一个全新的梦吧,随你大胆设想。

你有你的人生,我也有我的人生。我们各自努力,相互成全,少点抱怨,绝不退缩,顶峰相见!